말하기가
능력이 될 때

회사에서의 성과, 관계, 이미지를
바꾸는 말하기 기술

말하기가 능력이 될 때

이아름 지음

프런티어

휴대폰을 갖게 해준
이메일 한 통

내가 중학생이었던 2000년 즈음에는 휴대폰이 있는 중학생이 한 반에 대여섯 정도밖에 안 되었다. 나는 휴대폰을 너무나 갖고 싶었지만 완강한 아버지를 설득하는 건 힘든 일이었다. "말을 잘 듣겠습니다"라든지 "공부를 열심히 하겠다"라는 정도로는 어림도 없을 만큼, 아버지는 논리와 이성으로 무장한 '깐깐한 클라이언트'였다. 도저히 말로는 이길 수 없을 승률 0퍼센트의 게임에서 내가 택한 전략은 이메일이었다.

'중학교 3학년에게 휴대폰을 사줘도 괜찮은 이유.'

위 제목으로 메일을 쓰기 전에, 먼저 아버지와 같은 40대 남성으로 빙의해, 나와 같은 중학생 자녀에게 휴대폰을 사주면 안 되는 이유를 생각했다. 그리고 그 이유를 반박할 논리들을 줄줄이

써 내려갔다. 휴대폰과 학업의 상관관계, 자기 통제의 증명 사례, 교우 관계에 미치는 긍정적 영향, 합리적인 통신 요금 설정 등. 휴대폰 때문에 학업을 소홀히 하는 등의 우려했던 문제가 발생할 시 자진 반납하겠다는 조건까지 달았다. 최대한 어려운 단어, 내가 아는 모든 어른의 말과 한자를 욱여넣었다. 마지막으로 나도 모르게 이런 글은 진지해야 한다는 본능으로 적용한 궁서체 스타일까지.

메일의 수신 상태가 '읽음'으로 바뀌었고, 한 차례 아버지와 대화하는 시간을 가졌다. 그리고 생애 첫 휴대폰을 갖게 된 그해 겨울방학은 무척이나 따뜻했다.

말을 잘하기보다 잘 말하는 법을 배워라

위에서 사례로 든 이야기는 회사에서 수억의 사업을 수주하기 위한 프레젠테이션(presentation, PT)을 준비하는 과정과 크게 다르지 않다. 사실 중학생에게 없어도 그만인 휴대폰과 수억에 이르는 큰 사업을 비교하는 건 무리지만 설득의 원리는 같다. 다만 프레젠테이션이니, 스피치니 하는 단어들이 주는 위압감에 주눅이 드는 것이다.

지난 10여 년간 나는 경쟁 프레젠테이션, 행사 진행, 발표 등 사람들 앞에 서서 말할 기회가 많았다. 원래 말을 잘했을 거라는 오해도 종종 받는데, 그래서 말을 잘하는 비법이나 공식, 원고를 잘 외우는 팁 등을 기대했다가 실망하고 가기도 한다. 으레 생각하듯 TV에 나오거나 전문적으로 말하는 직업을 가진 적이 없는, 그냥 회사원인 나로서는 말을 유창하게 잘하는 것이 중요한 게 아니기 때문이다. 앞서 중학생의 이메일이 설득의 힘을 발휘할 수 있었던 이유가 단지 글을 잘 썼기 때문이 아닌 것처럼 말이다. 이메일이 아니라 일대일 면담 또는 프레젠테이션이었다 할지라도 마찬가지다.

실제로 내로라하는 말하기 고수들이 경쟁하는 프레젠테이션 현장에서 나는 말 자체를 잘하려는 노력은 한 적이 없다. 어쩌면 '말 좀 틀리면 어때? 뜻만 잘 전달되면 문제없지'라는 쪽이었던 내 모습은 전형적인 전문 발표자들과 조금은 다른, 미운 오리 새끼 같은 모습에 가까웠을지도 모른다.

말을 잘하기 위해서는 지금까지 머릿속에 그려온 말 잘하는 사람 특유의 이미지부터 지워야 한다. 잘 차려입은 옷차림, 아나운서 같은 발음, 발성, 근사한 파워포인트 자료 같은 것들 말이다. 내게 말은 '어떻게' 하느냐보다 '왜' 하느냐가 우선이다. 같은 말이라도 목적과 이유, 배경, 듣는 사람과 장소까지 100퍼센트 똑같은 조건은 없기 때문이다. 무슨 이유로 말을 하는지를 알고 준비한 후에야 비로소 어떻게 말하는 것이 옳은지 답을 찾을 수 있다. 진짜 입 밖으로 소리 내어 말하는 것은 마지막의 일이다.

그래서 앞뒤 재지 않고 그냥 말 자체를 잘하는 비법 같은 것은 애초에 없다. 글을 잘 쓰는 것이 문장력만의 문제가 아니듯 말이다. 말은 말하는 사람의 생각을 표현하는 몇 가지 방법 중의 하나다. 따라서 말을 잘하는 방법은 생각을 견고하게 다듬어 효과적으로 전달하는 방법과 마찬가지다.

'말하는 일' 자체보다 '말을 하기 위해 해야 할 일'을 중심에 두고 보면 무엇부터 해야 할지가 달라진다. 지금부터 시작할 이야기는 프레젠테이션의 99퍼센트를 차지하는 기획 과정과 실제로는 1퍼센트밖에 되지 않는 말하기에 대한 것이다. 말하는 행위 자체에 집중하지 않았던 것이 바로 내가 평범한 회사원에서 말 잘하는 회사원이 된 비결이기도 하다.

그래서 이 책은 '말을 잘하는 법'이 아니라 '잘 말하는 법'을 얘기한다. 왜 잘 말해야 하는지, 무엇을 말해야 하는지, 어떻게 말해야 하는지 크게 세 영역으로 나눠 설명할 것이다.

첫 번째 장에서는 회사로 대표되는 조직에서 말이 어떤 의미와 힘을 가지며 일상에서의 말하기와 무엇이 다른지 살펴본다.

두 번째 장에서는 가장 대표적인 발표 형태이자 최고 난이도의 말하기로 꼽히는 '프레젠테이션'의 실제 사례를 중심으로, 말하기 전의 기본기를 다지는 법부터 내용을 구성하고 스토리를 기획하는 방법을 알아본다. 말하는 스킬에 대한 이야기가 아닌 말을 잘하기 위해 무엇을 준비해야 하는지 순서대로 짚어보고 각 단계별 팁도 담았다. 바로 여기에 모든 말하기의 성패가 달려 있다고 봐도 좋다.

마지막으로, 어렵지 않게 연습할 수 있는 최소한의 말하기 비법과 발표 현장에서 경험할 수 있는 돌발 상황에 대한 대처법을 공유한다. 이제는 낯설지 않은 일상이 된 온라인 면접, 발표 등 비대면 커뮤니케이션의 특징과 실전에서 활용할 수 있는 체크리스트 및 비대면 맞춤 말하기 전략도 소개한다.

그동안 사람들 앞에 서서 말하는 것이 두렵고 힘든 이유가 말을 잘하지 못해서라고 생각했다면 이 책을 읽고 오해를 풀었으면 한다. 말을 잘하는 건 당신이 생각한 그런 게 아니다. 누구에게나 '말잘러'가 될 수 있는 씨앗 하나쯤은 있으며, 이 책에서 소개하는 '잘 말하는 법'을 알고 실천한다면 당신도 수많은 사람 앞에서 달변가로 거듭날 수 있다.

차례

1장

직장에서 살아남기 위한 말하기 전략

2장

프레젠테이션으로 배우는 말하기의 기본

3장

말하기의 8할은 준비 과정에서 결정된다

4장

메시지는 쓰는 게 아니라 그리는 것

7장

온라인 커뮤니케이션 시대에 오프라인처럼 말하기

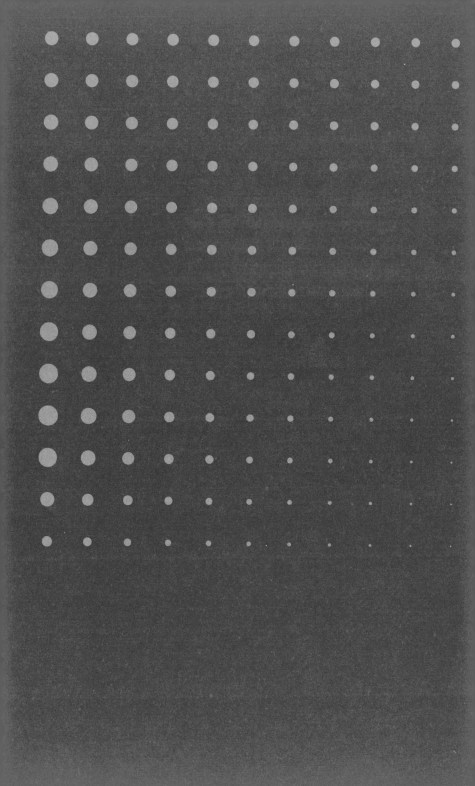

1장

직장에서
살아남기 위한
말하기 전략

▶ ▶ ▶ 　　동서고금을 막론하고 가장 많은 금언을 탄생시킨 소재는 '말'이 아닐까. 흥미로운 점은 긍정적인 내용보다는 주로 말의 위험을 경계하는 내용이 많다는 점이다. 남의 험담을 하지 않는 것은 기본이고, 대부분 말실수를 했을 때 큰 화를 입을 수 있음을 경고하는 내용이다. 차라리 침묵할 것을 권장할 만큼 극단적이기까지 하다. 그만큼 말은 어느 시대, 어느 장소에서나 중요하다. 직접적으로 진로나 생계, 이익이 걸려 있다면 그 중요성은 더 말할 것도 없다. 고전에서 '예가 아니면 듣지도, 보지도, 말하지도, 행하지도 말라'라는 구절을 변형해 '회사에서는 듣지도, 보지도, 말하지도, 행하지도 말라'라는 우스갯소리도 있는 것처럼 말이다.

회사에서 말은 실제로 그렇다. 작게는 면접이나 승진에서부터 크게는 임원진 보고, 회사의 사활이 걸린 중요한 사업의 수주까지, 모든 것이 말 한마디로 달라질 수 있다. 취업 면접에서 잘못 튀어나온 단어 하나 때문에 실제 자기와는 전혀 다른 사람으로 평가받아 일생일대의 기회를 날려버리는가 하면, 가능성이 희박했던 입찰에서 한마디 말로 회장님의 마음을 사로잡는 일 등은 드라마가 아니다. 매일 마주하는 현실이다.

여기서는 회사에서 오가는 말에 어떤 힘이 있는지 알아보고, 보다 힘 있는 말을 하기 위해서는 어떻게 해야 할지 살펴볼 것이다.

관계를 만들고
조직을 이끄는 말의 힘

망하는 조직은 서로 듣지 않고 말하지 않는다. 한 취업포털 사이트에서 부하직원이 상사에게 바라는 점을 조사했는데, 응답자의 52.1퍼센트가 '업무 지시가 명확했으면', 36.0퍼센트가 '독단적으로 업무를 처리하지 말고 의견을 경청했으면'이라고 답했다. 사실 이 설문조사는 10년 전에 진행된 것이다. 하지만 지금 들어도 전혀 의아하지 않다.

리더는 팀원들의 의견을 듣지 않고 자기만 이해할 수 있는 말로 지시하고, 팀원들은 지시 사항을 정확히 파악하지 못하고 기대와 다른 결과를 만들어낸다. 그렇다 보니 계속 지적과 오해가 이어지는 악순환이 반복된다. 어차피 결론은 정해져 있고 본인의 말은 아무 의미가 없다는 경험이 쌓이면 팀원들은 아예 입을 닫아버리거나 말하는 것에 두려움을 느낀다. 내가 이야기하는 것이 받아들여진다는 편안함, 자유롭게 말해도 괜찮다는 심리적

안정감이 없기 때문이다.

이 안정감은 리더의 말에 달린 경우가 많다. 그래서 조직의 리더십에 관한 많은 이론에서 주로 다루는 주제가 '말'이다. 조직에서 리더의 말은 개인적인 것이 아니다. 말 한마디로 당장 일의 효율과 성과가 달라지며 팀원들에게 동기를 부여하고 팀의 협력과 단합을 도모할 수 있다. 이것들이 모여 조직문화를 만든다.

조직에서 리더의 말은 팀원들을 바라보는 태도를 담고 있다. 단순히 반말 대신 높임말을 쓴다고 해서 존중받는다고 느끼는 것이 아니듯, 어느 한쪽이 절대적으로 우월한 기울어진 관계와 똑같은 눈높이에 있는 동료로 대하는 수평적 관계의 언어는 전혀 다르게 나타난다.

수평적 관계에 해당하는 매우 바람직한 사례를 하나 소개한다. 한 회사의 팀에서 갑자기 급하게 처리해야 할 프로젝트가 생겼다. 최종 자료를 만들어 보낸 후 팀장이 상사에게 급히 전화로 보고하는데, 팀원들이 그의 주변을 에워싸고 귀를 쫑긋하고 있다. 예상치 못한 질문이 나오거나 정확히 확인해서 답변할 내용이 있을까 싶어서다. 통화 내용을 함께 들으며 팀원들은 옆에서 답변할 내용을 알려주기도 하고 필요한 정보를 바로 찾아준다. 그 일은 모두가 같이 한 일이기 때문이다. 현실의 직장에서는 흔치 않은, 그야말로 이상향에 가까운 모습이다.

이처럼 진정한 의미의 팀워크를 만들어내는 리더의 말은 어떤 점이 다를까? 몇 가지 대표적인 특징을 살펴보자.

말하기가 능력이 될 때

첫째, 수평적 관계를 추구하는 리더는 답이 정해져 있는 질문은 하지 않는다. 답이 정해진 질문이란 "네" 또는 "아니요"로만 대답할 수 있는 질문을 말하는데, 사실상 답하는 사람에게 "아니요"는 선택지에 없다고 봐도 무방하다.

"요즘 하는 일 재미있지?"
"네."

단답형 대답을 유도하는 질문도 마찬가지다.

"요즘 하는 일 어때?"
"괜찮습니다."

수평적 리더는 이런 질문 대신에 '열린 질문(open-question)'을 자주 사용한다. 이 질문 속에는 많은 정보가 담겨 있다.

"요즘 새로 맡은 일이 겉으로는 쉬워 보여도 잔일이 많을 텐데, 내가 어떻게 하면 좀 부담을 좀 덜어줄 수 있을까?"

대화와 소통은 바로 여기서부터 시작된다. '이 사람이 나를 진심으로 생각하고 있구나' 하는 믿음에서부터 말이다. 열린 질문은 상대에게 관심과 애정이 있지 않으면 하기 힘들다. 어떻게 모두와 친하게 지낼 수 있느냐고 반박할 수도 있지만 그다지 큰 노력이 필요한 일은 아니다. 상대방의 처지를 이해하고 그의 말에 공감하고 기억하는 것만으로도 충분하다.

위 세 문장은 각각 표현 방식은 다르지만 상대에 대한 이해와 관심의 정도를 보여준다. 그리고 우리는 마음에도 없는 말을 귀신같이 구분해내는 능력이 있다.

한 마디 말에 될 일도 안 되고, 안 될 일도 된다

혼자 잘한다고 해서 일을 잘하는 것이 아닌 곳이 회사다. 자신의 역량이 아무리 뛰어나도 다른 부서의 담당자들과 함께 논의하고 협조를 구해야 하는 일이 비일비재하다. 직접적으로 공과를 인정받는 것이 아니라면 자기 일도 바쁜 와중에 선뜻 남을 돕기란 쉽지 않은 일이지만, 뭔가를 주거나 받는 위치는 늘 바뀌기 마련이다.

직장 내에서 유독 평판이 좋지 않거나 함께 일하기 어려운 사람들은 많은 경우 말하는 법에 문제가 있다. 표현이야 제각각이겠지만 대표적인 형태는 상대를 존중하지 않는 말이다. 지시와 부탁을 혼동하는 것이다.

마감 기한이 5일까지인 업무가 있다고 하자. 먼저 5일까지 해

말하기가 능력이 될 때

야만 하는 이유를 설명한 뒤 당사자 모두의 동의를 구하는 것이 순서다. 5일이라는 제안을 받아줄지 말지는 상대가 결정하는 것이다. 그런데 불쑥 이렇게 말하는 사람이 있다.

"5일까지 되죠?"
"5일까지 안 돼요?"
"5일까지는 하실 수 있지 않아요?"

부탁하는 표현 같지만 실제로는 상대방이 하는 일의 가치나 노력을 깎아내리는 말이다. 회사에서 심심치 않게 들을 수 있는 말이기도 하다. 만일 이런 무례한 태도로 누군가에서 상처를 주거나 원망을 사고 있다면 남모르게 복수를 꿈꾸는 동료나 선후배가 있을지도 모른다. 상대를 배려하지 않는 말과 행동이 누적되다 보면 어느 날 혼자 섬처럼 일하고 있는 자신을 발견할 수도 있다. 무례한 말은 경력에 치명타를 입힐 뿐 아니라 사회적 단절을 부른다.

앞서 든 예처럼 업무 요청 전화나 메일에서 말 한마디 잘못했다고 처음부터 크게 타격을 입는 것은 아니다. 그러나 이런 말이 반복되면 상대편에서는 "우리는 뭐, 하라는 대로 하는 팀입니까? 우리가 당신 부하직원이에요?"라며 버럭 화를 낼지도 모른다.

이런 일들이 계속해서 쌓이다 보면 곧 자신의 평판은 바닥에 내동댕이쳐질 것이다. "저 사람은 참 무례해", "그 사람한텐 아무

것도 해주고 싶지 않아"라고 수군거리는 소리를 듣기 십상이다. 자신의 의도와 상관없는 정체성이 형성되고 소문은 사내 평가로 이어진다. 자기는 그런 사람이 아니라며 억울하고 화가 나도 어쩔 수 없다.

직장인에게 최고의 찬사는 '일을 잘하는 사람'보다 '함께 일하고 싶은 사람'이다. 당장 내가 없다고 해도 일은 어떻게든 돌아간다고들 한다. 하지만 "○○ 씨가 없으니까 일할 맛이 안 나네"라는 말을 듣는 사람도 분명 있다. 좋은 동료를 만나고, 좋은 부서, 좋은 파트너 회사를 만나는 것은 나의 말과 소통에 따른 결과다. 회사에서 말은 일의 중심이자 내 삶의 중심이기도 하다.

광고업계에 오래 몸담았던 최인아 책방의 대표 최인아는 한 인터뷰에서 "만만한 사람이 되지 못한 점이 아쉬워요. 편하고 함께 일하고 싶은 동료가 되는 게 중요해요"라고 말했다. 어렵지 않게 말을 붙일 수 있는 사람, 함께 일하고 마음이 넘치도록 만만(滿滿)한 사람이 되는 것. 우리가 회사에서 말을 잘하고 싶은 이유도 그 때문일 것이다.

회사의 말은 제3의 언어다

직장 생활을 하다 보면 "도대체 무슨 뜻인지 모르겠다", "뭘 어떻게 하라는 것이냐" 같은 하소연을 하게 될 때가 있다. 그렇다고 매번 물어봤다간 무능력한 사람으로 찍힐까 봐 걱정된다. 게다가 이렇게 알아듣기도 힘든 말을 듣고 일을 해내야 하는 어려움에도 불구하고 결과를 만들어냈지만, 나의 노력이나 능력에 대한 이야기는 누구의 입에서도 쉽사리 나오지 않는다.

어떻게 듣고, 어떻게 말해야 하나. 누구라도 해봤을 고민이다. 직급이 낮을수록 더 고민이 클수밖에 없다. 말하고 결정할 수 있는 영역은 작고, 듣고 따라야 하는 영역은 크기 때문이다. 물론 당장의 현실을 바꿀 순 없겠지만, 왜 그런지를 이해하면 좀 더 슬기롭게 문제를 풀어갈 수 있을지 모른다. 회사의 언어가 갖고 있는 특징을 살펴보자.

말의 힘은 권력에 비례한다

자본주의의 논리를 가장 직관적으로 보여주는 곳이 비행기 좌석이라고 했던가. 지불한 비용에 따라 좌석의 앞뒤 간격, 서비스 등에 분명한 차등이 있는 것처럼 조직의 말도 자리에 따라 다르다. 사극 드라마에서 "어명이오!"라는 말이 주변 모든 사람을 집중시키는 치트키이듯, 각자의 위치에서 저마다가 지닌 말의 힘과 무게는 다르다.

기본적으로 회사에서 말의 주도권은 월급에 비례하고 듣는 시간은 반비례한다. 지시나 정보가 전달되는 과정 역시 피라미드 구조다. 대표의 말을 임원진들은 조용히 경청하고 임원의 말은 중간관리자가 집중해서 듣는다. 더 이상 말을 옮길 대상이 없는 말단 직원은 그저 "네"만 반복할 뿐이다. 조직의 구조와 위계적인 의사결정 절차로 발화의 양과 기회에는 차등이 있을 수밖에 없다. 회사에서 어떤 제약도 없이 의식의 흐름대로 마음껏 말할 수 있는 건 '장(長)'뿐이다.

이런 불평등 구조에 실망할 필요는 없다. 관리자들은 왜 주절주절 말하는 것을 싫어하는지, 관심 없는 이야기에 인내심을 발휘하지 못하는지 이제는 이해할 수 있지 않은가? 내 말을 잘 들어주지 않는다고 상처받을 게 아니라 어디서부터 잘못 꼬인 것인지 생각해볼 필요가 있다.

말하기가 능력이 될 때

"하고 싶은 말이 뭔데?"

말의 피라미드 구조에서 최상단을 제외한 나머지 층에 있는 사람들에게 가장 큰 제약은 시간이다. 마치 손에 시한폭탄을 들고 말하는 것과도 비슷하다. 시간 내에 상대방을 설득하지 못하면 상황은 종료된다.

"제가요, 사실은 어제 이런 일이 있어서 A 프로젝트의 상황을 확인하지 못했는데, 그게 알아보니까, 뭐 큰 문제는 아닌 것 같고…. 근데 담당자를 통해서 확인해보니 이게…."

혹시 당신도 이렇게 말했던 적이 있는가? 시간이 없다는 가정 하에 이 문장에서 꼭 해야만 하는 말과 하지 않아도 되는 말은 무엇일까? 대부분 상사는 곧바로 이렇게 물을 것이다.

"그래서 본론이 뭔데?"

우리는 알고 있다. 직급이 오를수록 듣기 영역에서는 유독 인내심이 없어진다는 것을 말이다. 물론 관리자들은 업무 반경이 넓어 작은 단위의 정보나 일반적인 업무 진행 과정까지는 속속들이 알 필요가 없다. 게다가 시간적인 여유도 부족하다. 보고하는 우리도 알고 있다. 그러면서도 "하고 싶은 말이 뭔데?"라는 반문이 야속하게 느껴지는 건 어쩔 수 없다. 하지만 어쨌든 답은 찾아야 한다.

사실 관리자가 아량이 없는 사람이어서가 아니라 회사에서 거의 모든 말하기가 그렇다. 듣는 상대는 대체로 나보다 권한이 더 많거나 나를 판단하는 위치에 있다. 그의 닫힌 귀에 자물쇠가 채워져 있다면 왜 자물쇠를 채워놨냐는 불평을 하거나 언젠가 열릴 것을 기대하며 수백 번 망치로 내려치는 것보다는 열쇠뭉치에서 맞는 열쇠를 재빨리 찾는 편이 낫다.

이 당연하지만 간과하기 쉬운 사실만 제대로 인지하고 있어도 나의 메시지를 전하는 데 많은 도움이 된다. 주어진 시간적 여유가 많지 않다는 건 긍정적인 긴장감을 조성한다. 내가 해야 할 말과 하고 싶은 말을 명확하게 구분해낼 수 있기 때문이다.

핵심은 짧은 시간 내에 꼭 필요한 정보만을 응축해 전달하거나, 그것이 어렵다면 상대의 관심을 끌 만한 이슈를 던지는 것이다. 첫 단계에서 메시지만 분명히 잘 전달되면 얘기를 더 듣고 싶어진 상대가 질문을 던지고 기꺼이 자신의 시간을 내게 되어 있다. 짧은 시간 내에 상대방의 관심을 끌면서도 명료하게 뜻을 전하는 법에 대해서는 뒤에서 자세히 살펴볼 것이다.

졌지만 잘 싸운 것은 진 것이다

과정은 말 그대로 과정일 뿐이다. "원래 계획이나 의도는 그게 아니었는데 생각과 다른 결과가 나와버렸다"라는 식의 말은 아무런 의미가 없다. "사실 내 생각은…"으로 시작하는 하소연도 마찬가지다.

회사에서는 내가 어떻게 했고 무엇을 느꼈는지가 의미 있는 정보가 아니다. 나의 행동, 감정, 상태 등이 아니라 일의 결과가 중심이다. 그렇기에 의도와 내용을 정확하게 전달하는 것이 중요하다. 말에서만큼은 '열심히'가 아니라 '잘'이 먼저다.

예를 들어 한 프로젝트의 결과를 보고하는 자리에서 이렇게 말했다고 하자.

> "이번 프로젝트는 제가 정말 열심히 준비하고 어떤 일보다 우여곡절이 많았습니다. 그래서 제게는 더 기억에 많이 남는 일입니다. 그만큼 좋은 성과도 있었는데요. 기존의 ○○보다 높은 수준의 미디어 노출과 브랜드 홍보 효과를 거뒀습니다."

누구나 열심히 일하고 누구나 어려움을 겪기에 '열심히', '우여곡절'처럼 큰 임팩트를 주지 못하는 말로 시작한 것부터가 패착이다. 놀라울 정도로 충격적인 사건이 있었던 게 아니고서는 이 사람의 다음 얘기는 별로 기대되지 않는다. 또한 이 문장에서 말하는 '기존의 수준'은 어느 정도이며 그에 비해 얼마나 더 높아진 것일까? 어떤 미디어에 노출되었고 홍보 효과라는 건 구체적으로 무엇을 의미하는 것일까? 물음표가 많아지는 건 빈틈이 많다는 뜻이다. 상대가 여러 번 생각해야만 의미를 파악할 수 있는 불친절한 말은 내 말을 향한 관심만 떨어뜨릴 뿐이다.

상사나 동료들에게 내 생각을 전할 때는 내가 이해하는 것 이상으로 구체적이고 정확하게 전달해야 한다. 사실에 기반을 둬야 하고 객관적인 단어를 써야 한다. '높다', '크다'와 같이 듣는 사람에 따라 해석이 달라질 수 있는 개념적인 말은 피하고 구체적인 수치를 활용하거나 가늠할 수 있는 비교 대상을 활용해야 한다. 정치, 종교, 성별, 인종 등 피해야 할 주제나 오해의 소지가 있는 표현도 조심해야 한다. 방금 전 예시로 든 보고를 구체적이고 정확한 표현으로 수정하면 아래와 같이 말할 수 있다.

> "이번 프로젝트는 일주일이라는 짧은 준비 기간에도 불구하고, 한 달 동안 준비했던 지난 ○○ 브랜드의 론칭 프로젝트보다 두 배가 넘는 브랜드 노출 효과를 거뒀습니다. 특히 주 타깃인 20대 여성의 조회 수가 평균 50만에 이르는 높은 유튜브 채널에 소개된 것이 가장 큰 성과입니다."

네가 진짜로 원하는 게 뭐야?

나의 의도를 정확하게 전하는 데도 노력이 필요하지만, 상대방의 의도를 파악하는 것은 그보다 몇 배 더 노력해야 하는 어려운 일이다. 대표적인 것이 권력자의 언어다. 원하는 바를 분명하게 말하지 않거나 이중적으로 지시할 때도 종종 있다. 박정희 전

대통령이 자주 사용한 것으로 유명하다는, "임자 하고 싶은 대로 해"라는 말이 그렇다. 하지만 정말 그 임자는 본인 마음대로 할 수 있었을까?

상사의 모호한 말이 무책임에서 비롯되는 것은 아니다. 실무자보다 넓은 범위의 업무를 관리하기에 디테일을 놓치기도 하고, '이 정도 말하면 알아듣겠지'라고 넘겨짚기도 한다. 어떤 것에 대해 너무 잘 알면 그것을 모르는 상태가 어떤지 상상하기 어렵다는 '지식의 저주'에 빠졌을 수도 있다. 내가 생각하는 것을 당연히 남도 알 것이라는 착각 말이다.

어찌 됐든 부하직원은 상사의 의도를 파악하는 게 중요하다. '사회생활은 곧 눈치'라는 말이 괜히 있는 게 아니다. 그렇다면 지금부터라도 눈치를 키워야 할까? 이는 마치 공부를 잘하려면 머리를 타고나야 한다는 말과 다를 바 없다. 자신이 눈치가 없다고 처음부터 좌절하거나 포기할 필요는 없다. 훈련으로 상대방이 전하고자 하는 의도와 내용을 정확하게 파악할 수 있기 때문이다. 그러면 상대방의 의도를 파악하는 방법을 알아보자.

들리지 않는 것도
들어야 하는 곳, 회사

말하는 것보다 듣는 일이, 지시하기보다는 지시 받는 일이 많은 우리에게 중요한 건 사실 말하기보다 잘 듣는 것이다. 더군다나 회사에서는 매우 특별한 일이 아니고서야 홀로 일을 진행하는 일이 드물다. 내가 도맡은 업무일지라도 전체 프로젝트의 일부에 속하고, 내가 하는 일은 다른 사람들의 업무와 전체 결과에도 영향을 미친다.

따라서 상대와 같은 언어로 소통하며 불필요한 오해를 줄인다면 일의 오차도 줄일 수 있다. 같은 말을 듣고도 혼자 다르게 생각하는 경우가 많다면 상대방의 말을 자신이 어떻게 해석하는지 점검해볼 필요가 있다.

말하기가 능력이 될 때

들은 대로 믿지 마라

회식 자리에서 "먹고 싶은 거 골라. 난 자장면!"을 외치는 팀장님. 이런 상황은 이제 웃픈 회사 생활의 고전이 되었다. 그런데 여기서 진짜 중요한 건 대세에 따라 자장면을 먹느냐, 소신과 용기를 발휘해 탕수육을 외치느냐의 문제가 아니다. "먹고 싶은 거 골라"라는 말을 어떻게 받아들여야 할지에 관한 판단이다. 우리 팀의 조직문화와 팀장님의 성향, 오늘의 기분, 회식 자리의 분위기, 식사 시간까지, 이 모든 것을 따져봤을 때 탕수육에 양장피를 시켜도 얼마든지 괜찮은 날이 있을 수 있다.

한국은 직접적으로 의미를 전달하는 서양권과는 달리 간접적으로 뜻을 나타내는 언어문화적 특징이 있다. 바로 빙빙 돌려 말하기다. 그리고 이 때문에 발생하는 어려움이 유독 크게 느껴지는 곳이 회사와 같은 조직이다. 대개 동양권 나라에서 나타나는 고맥락(high context) 문화의 특성이기도 한데, 말 자체의 의미보다는 말을 할 때의 상황이나 전후 사정, 맥락을 따져 진짜 뜻을 짐작해야 하는 게 특징이다. 예를 들어 중요한 미팅을 앞두고 점심 메뉴를 고를 때 상사가 "이따 미팅에 가야 하는데, 시간이 얼마나 걸리지?"라고 말했다고 하자. 이 말은 정말 시간이 궁금한 게 아니라 '빨리 먹을 수 있는 메뉴로 얼른 먹고 가자'라는 뜻일 확률이 높다.

오랫동안 시간이나 경험을 공유해온 가까운 사이가 아니라면 숨은 뜻을 바로 알아채기란 쉽지 않다. 특히 조직 생활의 경험이 많지 않다면 표면적으로 드러나는 말을 있는 그대로만 받아들이는 실수를 범하기 쉽다. 흔히 하는 말로 "회의실 준비 좀 해줘요"라는 말에는 회의실을 예약하는 것뿐만 아니라 물이나 펜을 준비하는 일도 포함되어 있다.

들은 대로 하지 마라

한국의 회사와 같은 함축적 말하기 문화에서는 경험치가 낮을수록 불리할 수밖에 없다. 말의 의미를 판단할 때 근거로 삼을 만한 사례나 경험이 상대적으로 부족하기 때문이다.

한 예로 요리 전문가들이나 어머니들이 요리 레시피를 설명할 때 자주 등장하는 '조금만', '적당히'는 대체 얼마만큼일까? 요리를 꽤 해본 사람이라면 어렵지 않게 이해할 수 있지만, 요리해본 경험이 없다면 측정 가능한 무게로 설명하거나 밥숟가락, 티스푼처럼 비슷하게라도 기준을 들어주지 않으면 알 수 없다.

그래서 요리를 망치지 않기 위해서는 정확한 양을 알아야 함에도 시간이 별로 없다든가, 귀찮다는 핑계로 대충 넘겨짚고 간다. 자신이 익숙하고 편한 쪽으로 판단하고 생각하는 본능이 발휘되는 것이다. 내가 망친 음식이야 나 혼자 맛없으면 그만이지만 회사에서는 '게임 끝'이다. 왜 잘못되었는지 해명은 해볼 수 있겠지만 애써 오해를 풀 필요도 없다. 이미 그 일은 본래 계획과 다르게 흘러갔으니 말이다.

자의적 판단에 따른 위험을 줄이기 위해서는 질문해야 한다. 내가 이해한 내용이 맞는지 확인하거나 조금 더 구체적인 내용을 물어보는 것이다. 예를 들어 "이 보고서, 간단하게 빨리 정리해주세요"라는 말은 어떻게 하라는 뜻일까? '간단하게'와 '빨리'의 정도에 대해 내가 생각하는 것과 상대방이 생각하는 게 다를 수 있다. 어느 정도 업무 내용을 이해하고 있다면 분량이나 시간은 가늠할 수 있으니 그 방향으로 진행하는 것에 대한 동의와 확인을 거치면 된다. 반대로 구체적인 의미를 잘 모르겠다면 페이지 분량을 줄이는 것인지, 문장의 길이를 줄이는 개조식의 요약인지, 언제까지 꼭 필요한지 확인해야 문제가 생기지 않는다.

단 "언제까지 하면 될까요?"라는 식의 열린 질문은 마음을 닫히게 한다. 제대로 된 질문은 반문이 아니라 내가 이해하고 해석한 내용이 맞는지 확인하는 것이다. "내일 오전까지 마무리하면 충분할까요?"

하고 싶은 말 대신
듣고 싶어 하는 말을 하라

들을 때와 말할 때 공통으로 고려해야 할 점이 있다. 바로 말의 기준점을 내가 아닌 상대에게 두는 것이다. 말하는 주체는 나 자신이고 말하는 목적도 궁극적으로는 자기를 위한 게 맞지만, 말 자체는 나를 위하면 안 된다. 이는 변하지 않는 원칙이다.

상대방이 듣고 싶은 말은 따로 있다

소통은 늘 어렵지만 그중에서도 가장 어려운 관계는 부모와 자식 사이가 아닐까 싶다. 각자 누리는 문화와 사용하는 언어가 다른 탓도 있지만, 이들의 불통을 유발하는 가장 큰 원인은 부모가 자식이 원하는 것을 전혀 모른 채 하고 싶은 말만 하기 때문이다. 게임을 많이 하는 아이를 못마땅해하는 부모가 "게임 좀 그만하고 공부해!"라고 한다면 돌아오는 대답은 뻔하다. "엄마는 아무것도 몰라!"

상대를 제대로 이해했다는 것은 상대가 기대하고 원하는 걸 정확하게 알고 있다는 것이다. 그렇다면 상대를 설득하기 위해서는 그 기대에 부응하는 이야기가 필요하다. 예를 들어 누군가가 "오늘 이 옷 어때?"라고 물었다고 하자. 금요일 퇴근 시간이거나 유독 밝은 표정을 하고 있거나 평소와 다른 분위기라면 "오, 정말 예쁜데?"라고 맞장구치며 공감해줘야 할 것이다. 하지만 중요한 보고나 승진 면접을 앞두고 있다면 삐뚤어진 부분을 바로 잡아주거나 과한 장식은 빼는 게 좋겠다고 조언해주는 게 훨씬 고마울 것이다. 그런데 이때 "응, 나도 그런 스타일 좋아해"라며 개인적인 취향을 말한다면 최악의 오답이다.

언뜻 별것 아닌 듯 보이는 일상의 대화에서조차 이런데, 회사에서 오가는 말속의 행간을 읽어내는 게 얼마나 중요한지는 말할 필요도 없다. 회사에서는 상대의 말에서 의도나 목적 등 많은 수를 읽어낼수록 유리하다. 그저 눈치가 조금 빨라서 임기응변을 잘하는 수준이 아니라 논리적이고 설득력 있는 말을 구사하는 지략가가 될 수도 있다.

우연히 마주친 인사팀장에게 "요즘 MZ 세대 사원들, 어떤 거 같아?"라는 말을 들었다고 해보자. "어휴, 완전 다르죠. 저희 때는 안 그랬는데 요즘 애들은 뭐, 다들 그렇다고 하더라고요. 저도 잘 모르지만 그래도 잘 지내봐야죠"라고 하는 사람과 "기사를 통해 읽었을 때는 개성도 강하고 개인적이라고 하던데, 직접 같이 일해보니 주장도 또렷하고 추진력이 있어서 회사에서 어떻게 기회를 잘 만들어주느냐가 중요할 것 같더라고요. 다른 회사에서는 지원 TF도 만드는 것 같던데 그런 부분도 도움이 되지 않을까요?"라고 말하는 사람 중 과연 어떤 사람이 인사팀장의 의도를 잘 파악한 걸까?

팀장이 듣고 싶었던 '정보'는 아마도 후자일 것이다. 물론 실제로 갑자기 이런 질문을 받는다면 우물쭈물하며 자신의 개인적인 의견이나 느낌을 말하기 쉽다. 또 이 질문을 인사팀장이 아닌 다른 사람이 했다면 답변이 달라졌을 수도 있다. 하지만 이 상황에서는 두 번째 답변을 한 사람이 향후 조직의 리더로서 더 좋은 평가를 받을 것이다. 그리고 조직문화 개선을 위한 TF 등을 추진한다고 하면 그가 선발될 가능성이 더 클 것이라는 건 의심의 여지가 없다.

건너뛰기 vs 이어 듣기, 어떤 선택을 받을 것인가?

이야기를 듣는 이는 당신의 친구가 아니다

점심시간을 빼면 직장에서 나오는 이야기 주제는 재미없는 것이 대부분이다. 아무리 재미있는 스토리의 드라마도 전개가 지지부

진하거나 쓸데없는 광고, 갑작스러운 로맨스가 중간에 끼어들면 시청자들의 반발을 사기 십상이다. 재미없는 업무 이야기는 말해 무엇하겠는가. 쓸모없는 이야기는 잠시라도 참고 들어줄 이유가 없다. 말할 수 있는 시간의 제약이 있기에 더더욱 그렇다. 회사의 언어에는 평가라는 칼날이 숨겨져 있다. 내가 하는 말로 나의 업무 역량과 수준이 결정되기도 한다. 그렇기에 듣는 사람의 기준에서 의미 있는 콘텐츠를 담아야 말의 가치가 올라간다.

초반에 승부를 걸어라

앞서 언급했던 시간제한을 극복하는 방법은 크게 두 가지가 있다. 짧게 요약하거나 추가로 말할 시간을 더 버는 것이다. 시간을 확보하는 가장 쉬운 방법은 초반에 매력적인 미끼를 던지는 것이다. 일단 중요한 정보를 던져서 상대의 관심을 끈 후 자세한 내용을 더 들어보고 싶게 만드는 전략이다.

> "3개월 동안 하루 10분만 투자하면 1,000만 원을 벌 수 있습니다."
> "지금 ○○ 지역 부동산에 투자하면 투자 금액 대비 최소 세배의 시세차익을 보장합니다."

이런 광고를 듣고 행동으로 옮기는 사람은 별로 없겠지만 서두에 미끼를 던지는 방식을 보여주는 좋은 예다. '투자 금액 대비 세 배', '1,000만 원'처럼 얻을 수 있는 이익을 아주 구체적으로 강조하고 있다. 그것도 확신이 가득한 어조로 말이다. 위와 같은 표현에 실제 결과 사례를 덧붙이는 것도 좋은 방법이다. 즉 실제로 수익을 낸 김 모 씨의 사례가 추가된다면 더 매력적인 미끼가 될 수 있다.

상대방에 대한 정보가 있다면 더 쉽다. 상대가 좋아하거나 관심을 가질 만한 주제와 엮는 것이다. 회사에 필요한 새로운 사무 기기를 도입하기 위해 설명이 필요하다고 해보자. 상대가 평소 예산 사용에 민감하거나 관련 업무를 맡고 있다면 다른 비교군의 가격을 제시하면서 가격 대비 성능이 가장 우수한 제품인 점, 특별 할인 기간의 혜택 등을 제시할 수 있다. 트렌드나 신기술에 밝은 사람이라면 현재 사용하는 기기 대비 새롭게 활용할 수 있는 기능이나, 해당 기기를 사용하고 있는 유명 글로벌 기업의 사례를 강조할 수도 있다.

만약 상대에 대해 아무것도 파악할 수 없다면 주제와 관련된 최신의 이슈를 엮는 것도 보편적으로 사용할 수 있는 방법이다. 어쨌거나 중요한 건 본론으로 들어가기 전에 주제에 관한 관심을 높여서 이야기를 들을 마음의 여유를 주는 것이다.

시작은 반이 아니라 전부가 될 수도 있다. "독도는 우리 땅입니다"라는 말로 시작하는 노무현 전 대통령의 독도의 날 연설은 도입부부터 마음을 사로잡는 최고의 명연설이라 생각한다.

"독도는 우리 땅입니다. 그냥 우리 땅이 아니라 40년 통한의 역사가 뚜렷하게 새겨져 있는 역사의 땅입니다. 독도는 일본의 한반도 침탈 과정에서 가장 먼저 병탄되었던 우리 땅입니다. 일본이 러일전쟁 중에 전쟁 수행을 목적으로 편입하고 점령했던 땅입니다."

시간도 문장도 짧을수록 좋다

말하는 시간과 정보의 양, 문장은 짧을수록 좋다. 그리고 시간 내에 본론부터 먼저 말해야 한다. 최근 직장인 커뮤니티에 많이 올라오는 글 중 하나로 메신저에서 말하는 방식에 관한 내용이 있다. 무언가 제안하거나 부탁할 때 먼저 아이스브레이킹 차원에서 근황을 묻고 인사를 하는 것이 나은지, 아니면 바로 본론부터 말하는 것이 나은지에 대한 토론 및 논쟁이다. 때에 따라 다를 수는 있겠지만 최대한 빠르게 본론으로 가는 걸 권한다. 그리고 빙빙 돌려서 말하는 건 정말로 하지 말아야 할 행동 중 하나다.

말할 내용을 짧게 압축하는 과정은 마치 과일이나 채소에서 엑기스를 짜내는 과정과도 같다. 자신의 머릿속에 있는 많은 말 중에서 가장 중요한 말을 거르고 또 걸러내는 것이다. 마지막으로 남은 메시지나 반복해서 등장하는 키워드가 진짜 내가 해야 할 말이다. 미국의 작가 스티븐 킹은 이렇게 충고했다. "아끼는 부분이라도 죽여라. 그것이 자기중심적인 저자의 마음을 아프게 할지라도 아끼는 부분들을 죽여라."

한 번쯤 들어봤을 '엘리베이터 스피치'가 좋은 예다. 이 말하기의 핵심은 짧은 시간 동안 간결하고 분명하게 메시지를 전달하는 것이다. 유독 짧게 말하는 경우이긴 하지만 회사에서 오가는 말이고 시간적 제약이 있다는 점은 기본적으로 같다. 나의 말을 누군가가 귀 기울여 오래 들어줄 것이라는 환상을 버리자. 혹시 운 좋게도 상대와 123층까지 가는 엘리베이터를 함께 타게 되었다면? 더 많은 시간이 생겼다고 마냥 좋아할 일은 아니다. 당신의 이야기가 지루하다고 느낀다면 상대는 곧장 엘리베이터에서 내릴 수도 있다.

짧은 시간 동안 분명하고 간결하게. 엘리베이터 스피치의 핵심은 내가 아닌 상대를 배려하는 말하기를 해야 한다는 것이다. 그리고 그런 배려가 궁극적으로는 나를 위한 것임을 기억하자.

2장

프레젠테이션으로
배우는
말하기의 기본

▶▶▶   말하기에서 난이도 별 다섯 개, 이른바 '끝판왕'은 단연 프레젠테이션이다. 프레젠테이션은 '말하기의 종합예술'이라고도 할 수 있다. 마치 연기와 노래, 춤 등 모든 것이 어우러진 뮤지컬과도 닮았다. 목소리, 호흡, 손짓, 눈빛이 어우러져 메시지를 전하는 프레젠테이션은 때론 한 편의 감동적인 공연처럼 사람들에게 큰 울림을 줄 수도 있다. 말깨나 한다는 것과는 차원이 다르다.

그래서 회사나 공식적인 자리에서 프레젠테이션을 맡아 한다는 건 꽤 큰 의미를 지닌다. 일단 어떤 일을 프레젠테이션한다는 것은 그 일이 중요하고 큰 가치가 있다는 뜻이다. 그리고 단체를 대표하는 직위에 있거나 특정 분야의 전문가인 경우를 제외하면 대개 이런 발표는 좋은 이미지와 기본기를 갖춘, 신뢰감을 주는 사람들이 도맡아 진행한다.

이제 막 말하기를 제대로 준비하려는 단계에서 말하기 과정의 최고 단계라 할 수 있는 프레젠테이션으로 훌쩍 넘어가도 되나 싶겠지만 '매도 먼저 맞는 게 더 낫다'는 전략이다. 시간이 걸리더라도 어려운 문제를 풀어보면 그보다 쉬운 문제는 수월하게 해결할 수 있는 것처럼 말이다. 일단 우리는 같은 공식(언어)을 공유하고 있지 않은가. 말하기의 꽃이라 할 수 있는 프레젠테이션을 제대로 풀어나가는 원리와 방법을 익힌다면 웬만한 말하기는 어렵지 않게 해낼 수 있다.

그냥 직원에서
말 잘하는 직원으로

프레젠테이션을 잘하는 사람은 어떤 사람일까? 대부분은 아나운서, 앵커, 전문 MC처럼 멋있고 유창하게 말하는 사람들을 떠올린다. 그런데 정작 현실에서 프레젠테이션을 잘하는 사람들을 보면 그런 직업이나 배경을 가진 사람들은 거의 없다. 그리고 꼭 그래야 할 필요도 없다.

나 역시 그런 것과는 다소 거리가 있다. 별도로 프레젠테이션을 배우거나 자격증 과정을 거친 적도 없다. 학교에 다닐 때는 조별 과제 발표나 면접을 오들오들 떨며 준비하던 학생이었고, 직장에서는 사람들 앞에 서서 말할 기회가 조금 더 많았던 회사원이었을 뿐이다. 프레젠테이션은 특별한 사람들만이 할 수 있는 전문적인 영역이 결코 아니다.

'불편을 드려 죄송합니다'
vs '조금 늦더라도 제대로 고치겠습니다'

내가 그냥 회사원에서 프레젠테이션을 잘하는 회사원이 될 수 있었던 건 어느 날 무심코 지나칠 수도 있었던 작은 안내문 하나를 보면서였다. 지금은 지하철역에서 종종 볼 수 있는 에스컬레이터 고장 수리 공사 안내문이지만 10년 전 즈음인가, 처음 이 안내문을 보고 머리가 고장 난 듯 화들짝 놀란 적이 있었다. 예전에 이런 안내문은 보통 '공사로 불편을 드려 죄송합니다. 최대한 빨리 고치겠습니다'였는데, 이때는 '조금 늦더라도 제대로 고치겠습니다'라는 문장으로 바뀌어 있었다. 문장에 담긴 속 깊은 배려에 괜히 마음이 뭉클하기까지 했다.

고장 난 에스컬레이터를 힘들게 걸어 올라가면서 그나마 조금 덜 열 받을 문장은 어느 쪽일까? 불편을 겪는 고객에게 미안함을 전하고, 이런 불편함을 다시는 겪게 하지 않겠노라는 의지는 똑같다. 하지만 두 번째 문장은 내가 아닌 상대의 편에 서서 말하기 위해 고민한 끝에 나온 것이다.

내 생각에 정말 말을 잘하는 사람이란 누구나 할 수 있는 사과가 아니라 늦더라도 제대로 고치겠노라는 문장을 생각해낼 수 있는 사람이다. 멋있는 옷을 차려입고 "불편을 드려 죄송합니다"라는 말을 또박또박 기름진 목소리로 읽는 게 아니라, 불편한 상황을 마주하고 안내문을 읽을 사람들이 조금이라도 너그러운 마음으로 이해해줄 수 있는 말이 무엇일지 깊이 고민하는 사람이다. 흔히 프레젠테이션은 유창하게 말을 잘하는 사람들의 전유물이라고 생각하지만, 그 어디에도 해당하지 않는 내가 감히 이일에 뛰어들 수 있었던 이유다.

기업, 기관의 홍보팀에서 근무하면서 내가 주로 맡았던 업무는 언론사에 제공하는 보도자료를 작성하는 일과 조직을 대표하는 사람들의 대외 서신 및 발표 자료를 기획하고 쓰는 일이었다. 당시 내게 가장 중요했던 건 어떻게 하면 같은 말을 좀 더 있어 보이게 표현하느냐였다. 온갖 어렵고도 멋있어 보이는 사자성어, 명언, 사례를 끌어다 활용하기 급급했다. 누구나 쉽게 쓰고 말할 수 있는 문장은 좋지 않다고 생각했다.

글을 잘 쓴다는 사람들의 문장을 따라 써보기도 하고 좋은 말이 생각나면 자다가도 일어나 메모했다. 길을 걸어가다 괜찮은 간판 문구를 사진으로 찍는 일도 부지기수였다. 그렇게 쌓인 멋진 문장들을 다시 보면서 알게 됐다. 좋은 말은 손끝에서 멋 부려서 나오는 게 아니라는 것을. 그제야 내가 써 내려간 모니터 속의 글이 아니라 그 글을 읽고 들을 사람이 보이기 시작했다.

그때부터 누군가의 스피치, 프레젠테이션을 기획하고 스크립트를 쓰는 시간이 갑절은 더 걸렸던 것 같다. 한 단어라도 허투루 쓸 수 없었다. 말하는 사람과 듣는 사람 모두가 편하도록 쉽고 담백해야 했다. 같은 메시지를 전하는 문장이라도 2~3가지 버전으로 다르게 작성해보기도 했다. 그중 실제 읽었을 때 무엇이 더 마음에 와닿는지 소리 내 읽어보고, 실제로 그 발표를 진행할 사람의 목소리와 평소의 말투까지 상상하면서 어미 하나까지 다시 썼다.

한 예로 '~하는데요'라는 말투를 즐겨 쓰는 발표자의 특징을 고려해, 보통 공식적인 발표에서 많이 쓰는 '~습니다'라는 어미와 발표자의 말투를 5 대 5의 비율로 섞어 사용한 적도 있었다. 발표 석상에서 원고를 읽는 티를 줄이고 최대한 자연스럽게 말하면서 진정성을 전달하기 위해서였다.

매력적인 이야기를 만들어내는 일을 넘어 실제로 메시지를 전달하는 메신저의 '말'에 집중했던 이 경험 덕분에 나는 좋은 메시지를 만들 뿐만 아니라 더 잘 전할 수 있는 방법까지 깨우치게 됐다. 그리고 이 두 가지가 남들과는 다른 프레젠테이션을 만들수 있는 무기가 되었다.

말을 잘하려고 하지 않으면
말을 잘할 수 있다

지금도 나는 여전히 PR 업무를 할 때와 같은 고민을 하고 전략을 짜는 데 99퍼센트의 시간과 노력을 쏟는다. 대부분 사람은 발표를 하기 전에 실전에서 자신의 모습이 어떻게 보일지를 생각하며 완벽하게 말하는 연습을 한다. 내겐 그럴 겨를도 없었지만 구태여 그럴 필요도 없다고 생각한다. 더 많은 사람에게 공감과 지지를 받을 수 있는 메시지가 무엇인지에 대한 고민이 발표 준비의 거의 대부분이다.

특별한 것도 없고 대단치도 않은 나의 이야기를 하는 이유는 딱 하나다. 우리가 단지 말을 잘하지 못해서 발표를 못 하는 게 아니라는 것이다. 앞에서도 언급했듯이 회사뿐만 아니라 어떤 자리에서든 앞에 나서서 말하는 것은 특출한 끼나 쇼맨십이 있어야 하는 게 아니다. 스피치 학원에서 주로 알려주는 정형화된 스킬들은 말하는 행위 그 자체로 전문성을 요하는 방송인이나 대중 연설 기회가 많은 정치인에게나 필요하다.

정작 우리에게 필요한 수준의 말하기는 우리의 일상생활 속에 있다. 취업 면접, 업무 보고, 사업 수주를 위한 경쟁 입찰 이상을 벗어나지 않는다. 컨퍼런스, 세미나, 포럼 등 다양한 이름으로 불리는 자리에서 연설, 프레젠테이션이라는 이름으로 불리는 말하기 또한 부르는 단어가 다를 뿐 특별한 사람들만이 할 수 있는 것이 아니다.

요즘은 프레젠테이션이 상당히 보편화되어 이 일을 주업으로 하는 전문가들도 생겨났고, 이들을 '프레젠터'라고 부른다. 나는 홍보 업무를 떠나 프레젠테이션을 기획하고 진행하는 일을 맡으면서 인터넷 검색창에서 이 단어를 찾아봤다. 결과로 나온 것이라고는 '레이저 포인터', '무선 프레젠터' 같은 제품들뿐이라 적잖이 당황했던 기억이 있다. 하지만 우리의 희망은 여기에 있다.

프레젠터라는 단어를 검색했을 때 프레젠테이션만을 하는 특정 직업이 나오지 않는 건 누구나 할 수 있는 일이라는 얘기다. 즉 프레젠테이션을 하는 데 따로 재능이 필요한 건 아니다.

"

프레젠테이션이라는 단어의 함정

어두운 회의실 안에서 빔 프로젝터가 고독하게 빛을 쏜다. 온갖 멋있는 애니메이션들이 특수효과처럼 슬라이드에서 떠다닌다. 그 가운데에서 발표자는 한 손에는 포인터, 다른 손에는 마이크를 쥐고 여유 만만하게 서 있다.

보통 프레젠테이션 하면 떠오르는 장면이다. 가장 두려운 말하기로 꼽히는 프레젠테이션은 단어 자체가 주는 묘한 무게가 있다. 그 느낌이 문제다. 무섭고 떨리고, 그래서 망하는 프레젠테이션은 바로 이 느낌에서 시작된다.

프레젠테이션≠파워포인트

1990년대 중후반쯤 초등학교에 다닌 사람은 알 것이다. 조별 과제의 필수품은 전지와 매직이었다. 큰 종이에 그림을 그리고 글을 써서 칠판에 붙여 조별로 발표를 하곤 했다. 여기서 조금 더 발전한 것이 OHP 필름이다. 작은 사진이나 글을 확대해서 화면에 띄우는 방법이다. 전지는 스크린이 되었고, 글씨를 쓰고 그림을 그리는 도구들은 파워포인트라는 프로그램으로 진화했다. 아마 이때부터 우리는 '발표=프레젠테이션=파워포인트'라는 생각을 하게 된 것 같다.

프레젠테이션이라는 단어의 함정에 빠진 사람이 가장 먼저 하는 일이 무엇일까? 일단 첫 페이지에 넣을 사진을 검색한다. 그리고 예쁜 템플릿 찾기, 시작과 마무리를 위한 명언 찾기 등을 시전한다. 이 중 하나라도 해봤다면 당신도 파워포인트의 함정에 빠졌다고 볼 수 있다.

그렇다면 프레젠테이션이라는 말의 무게에서 벗어나기 위해 다른 말로 바꿔 써보면 어떨까? 단어에서 떠오르는 압박감과 형식을 깨고 새로운 의미로 정의해보는 것이다. 좀 더 쉬운 말로 풀어보면 말하기, 발표, 주장, 설득 정도가 될 수 있겠다. 혼자 얘기하면 혼잣말, 최소 두 명 이상 또는 작은 그룹이면 대화가 될 것이다.

프레젠테이션은 그보다 조금 더 많은 사람 앞에서 말하는 것이다. 그리고 한 명이나 두세 명일 때보다는 형식과 논리를 갖춰야 한다는 점이 다르다. 논리라고 해도 거창하게 얘기할 만큼 어렵지 않다. 우리가 이미 알고 있는 육하원칙 정도면 충분하다.

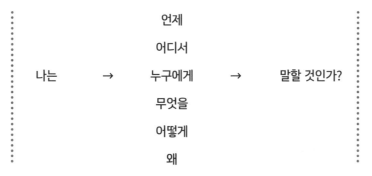

평소 말할 때는 이 중 몇 가지가 빠지기도 한다. 일상에서는 미리 할 말을 생각하기보다는 그때의 분위기에 맞추기도 하고 상대의 반응에 따라 말을 이어가기도 하기 때문이다. 갑자기 주제가 바뀌기도 하고 의식의 흐름에 따라 '아무 말 대잔치'를 하기도 한다.

바로 이런 일상의 말하기 습관을 가장 손쉽게 고치는 방법이 육하원칙이다. 이 원칙은 글이 목적과 논리에서 벗어나지 않게 해주는 최소한의 가이드 역할을 한다. 여기저기 흩어져 있는 생각을 쉽고 단순한 기준에 따라 가지런히 정리하고 나면, 비로소 무슨 이야기를 해야 하고 그다음에 어떻게 말하는 것이 좋을지 생각할 수 있다.

흔히 이 과정을 간과한 채 주제를 깊이 생각하지 않고 말하는 최종 행위에만 집중해 첫 단추를 잘못 끼우는 경우가 많다. 나도 이런 과정에 따라 내용을 충분히 정리하지 못했을 때는 말하면서 논점이 흐려지기도 하고, 자신감이 떨어지기도 했다. 차마 사람들의 눈을 쳐다보지 못하고 자료에 적힌 텍스트에 의지해 말을 이어나간 적도 있었다.

누구나 아는 쉬운 원칙이지만 이 정도만 지켜도 흠잡을 데 없는 말하기의 기본은 갖출 수 있다. 내가 하고 싶은 말이 무엇인지만 분명히 알고 있다면 등 뒤에 있는 것이 전지든, 스크린에 띄운 발표 자료든, 아니면 아무것도 없든 상관없다. 내가 이야기하고 싶었던 메시지 하나만 잘 전달하면 그만이다.

파워포인트는 그저 거들 뿐

누구나 한 번쯤 말해봤을 흔한 주제로 '나의 꿈'을 발표한다고 가정해보자. 이 주제가 전국 초등학교에서 수십 년간 이어져 온 전통적인 말하기 주제인 데는 이유가 있다. 왜 내 꿈이 이것인지 증명하거나 논리를 갖춰 상대방의 반박에 대응할 필요가 없기 때문이다. 오로지 내 이야기를 전달하는 데만 집중할 수 있어 기초적인 말하기 연습을 하기에 제격이다.

먼저 내 꿈이 무엇인지 생각할 것이다. 가수가 꿈인 A는 크게 감동한 노래가 있거나 언젠가 무대에 섰을 때 짜릿한 전율을 느꼈을 수도 있다. 작가가 꿈인 B는 친구의 연애편지를 대신 써줘 99퍼센트 이상 성공했거나 웹소설을 쓰면서 독자들의 피드백에 희열을 느꼈던 적이 있을 수도 있다. 꿈이 무엇인지 찾았다면 이제 내 꿈을 보여줄 좋은 방법을 한 가지 정한다. A는 감동했던 노래를 틀거나 부르며 이야기를 들려줄 수 있다. B는 본인이 쓰고도 반해버린 편지 한 장을 들고 오거나 독자의 댓글 몇 개를 캡처해 보여줄 수도 있다.

여기서 우리가 알 수 있는 사실은 말하기에 앞서 무엇을 이야기할지 그리고 그 무엇을 어떻게 표현할지 찾아야 한다는 것이다. 즉 이야기를 짜는 순서와 우선순위를 정해야 한다. 표현의 방식보다는 주제가 먼저 정해져야 하며 알맞은 주제를 찾는 데 더 많은 공을 들여야 한다. 물론 이야기를 어떻게 전달하느냐도 많은 고민이 필요하지만 좋은 메시지가 정해진다면 절반은 해결된 셈이다.

프레젠테이션도 마찬가지다. 파워포인트 슬라이드에 활용할 이미지부터 찾는 것은 어떤 꿈을 이야기할지도 정하지 않고 꿈을 보여줄 방법을 먼저 찾는 것이나 마찬가지다. 프레젠테이션이라는 말에 부담을 갖거나 지레 겁부터 먹지 말자. 파워포인트는 그저 내 이야기를 거들 뿐인 수단이라고 편하게 생각하라. 슬라이드에 넣을 사진은 마지막에 찾아도 충분하고 없어도 그만이라는 이야기다.

딱 하나만 제대로 기억하게

우리의 첫 번째 말하기 목표는 상대에게 전하고 싶었던 메시지 딱 하나만 제대로 전하는 것이다. 프레젠테이션이 끝나고 난 뒤 내 앞에 있는 사람들이 무조건 하나는 꼭 기억하게 만들자. 예를 들어 '나는 부지런한 사람이다'라는 것을 전달하려면 부지런한 생활을 하게 된 계기부터 나만의 루틴, 부지런함을 인정받아 좋은 결과가 있었던 사례까지 모든 이야기가 하나를 향해 달려가야 한다. 이렇게 하나의 목표에 집중하면 발표에 대한 긴장과 부담도 줄어들 뿐 아니라 진짜 중요한 내용에 몰입할 수 있다.

66

가슴을 울리는 건
말이 아니다

지금도 잊을 수 없는 발표가 하나 있다. 신입사원 때 들은 대표님의 강의였는데, 홍보를 통한 위기 극복 사례가 주제였고 그중 우리나라의 개고기 문화에 관한 것도 있었다. 당시 프랑스의 한 여배우가 한국은 개고기를 먹는 야만적인 나라라는 발언을 해서 크게 논란을 일으켰다. 이는 동물 학대 문제뿐 아니라 한국이라는 국가 이미지에도 적잖이 부정적인 영향을 미칠 수 있는 이슈였다.

자, 만일 오피니언 리더들을 대상으로 이 논란을 뒤집기 위한 프레젠테이션을 해야 한다면 당신은 무슨 말을 할 것인가? 모든 사람이 개고기를 먹는 것은 아니라고, 우리나라에 어려웠던 시절이 있었고 어쩔 수 없는 역사적 배경이 있었다고 해야 할까? 문화적 다양성을 인정해야 하며 다른 나라도 그와 비슷한 사례가 있지 않냐고 해야 할까? 발표는 누구를 대상으로 해야 할까?

세계 각 나라에 부정적인 이슈가 퍼지지 않도록 해줄 만한 대상
은 누굴까?

마치 논술시험 문제 같은 이 주제를 듣고 나는 주장을 반박
할 근거 1, 2, 3을 찾고 있었다. 진짜 시험이었다면 대부분 사람
도 나와 비슷하게 생각하며 답을 찾았을 것이고, 틀린 답도 아니
었을 것이다. 그런데 이것은 프레젠테이션이었다. 그것도 분명한
목적과 의도가 있는!

최고의 프레젠테이션에는 '말'이 없었다

여러 발표들이 있었지만 내가 지금도 잊지 못할 최고의 프레젠
테이션은 각국의 주한 대사와 배우자들을 대상으로 한 것이었다.
발표자가 띄운 첫 슬라이드에는 작은 비석 사진이 하나 있었다.

"이 비석이 뭔지 아세요? 죽은 개를 위해 주인이 세운 것입
니다. 이 이야기는 한국의 어린이라면 누구나 다 아는 유명
한 이야기입니다. 옛날 한 남자가 장터에서 술에 취해 집에
가는 길에 쓰러져 잠들었는데, 큰불이 나 옷에 불이 붙었
죠. 그런데 남자가 키우는 개가 그를 살리기 위해 냇가에서
털에 물을 묻혀 여러 차례 오갔고, 남자가 눈을 떴을 땐 자
신을 살리기 위해 불을 끄다 까맣게 타 죽은 개가 옆에 있

었습니다. 아마 개를 기리기 위해 비석을 세운 나라는 한국이 유일할지도 모르겠습니다."

실제 있었던 일인지는 알 수 없지만 우리가 익히 알고 있는 전래동화 '오수의 개' 이야기였다. 이어 발표자는 다른 지역에 있는 개 동상 사진 등을 보여주며 개에 대한 한국 사람들의 각별한 애정을 전했다. 중반쯤의 발표 슬라이드엔 삽살개 한 마리의 사진이 있었다.

"한국의 토종개인 삽살개입니다. 한국에서 흔히 볼 수 있는 개였죠. 그런데 지금은 한국에서 통 찾아보기가 힘듭니다. 심지어 보호종으로 지정되기까지 했죠. 일본이 한국을 침략해 많은 물자를 빼앗아 가고, 하다못해 밥그릇, 숟가락까지 포탄의 재료로 약탈해 가던 그때 삽살개 역시 수난을 겪었습니다. 삽살개의 가죽이 좋다는 이유로 일본은 한국의 삽살개들을 마구 잡아 죽여 전쟁에 쓰일 모자와 장화를 만들었습니다. 또 한국의 민족 문화를 말살한다는 이유로 2만여 마리를 더 도살했습니다."

발표자는 이후 삽살개의 개체 수가 점점 줄어들어 지금은 거의 남아 있지 않다고 전했다. 그리고 삽살개를 보존하고자 노력하는 단체의 활동과 성과들에 대한 설명을 이어갔다.

이 프레젠테이션에서는 굳이 '개고기'라는 단어를 꺼내 이슈를 정면으로 반박하지 않았다. 다만 '한국은 개에 대한 특별한 애정을 가진 나라'라는 메시지 하나만 전할 뿐이었다. 두 내용을 억지로 엮지도 않았을 뿐 아니라 마지막에 감동을 노리거나 의도가 뻔히 보이는 노골적인 메시지를 전하지도 않았다. 발표가 거의 끝나갈 무렵, 발표장에 삽살개 한 마리가 등장했다. 청중들은 너나 할 것 없이 삽살개로 시선이 쏠렸고 사진을 찍거나 쓰다듬고 싶어 했다.

이 프레젠테이션은 감정적으로 공분을 사고 있는 이슈를 전환하기 위해 새로운 메시지를 제시했다. 진짜 하고 싶은 이야기는 직접적으로 하지 않았지만 메시지는 충분히 전달되었다. 그렇게 커뮤니케이션해도 이 발표를 들은 이들은 자국으로 돌아가 한국에 대한 긍정적인 이미지와 스토리를 전하는 메신저 역할을 할 수 있을 것이다.

충격이었다. 나름 조별 과제를 할 때면 단골 발표자를 맡아왔고 발표나 면접도 큰 걱정 없이 무난히 통과했던 터라 사람들 앞에 서는 것이 아주 두렵지만은 않았다. 나도 어느 정도는 말을 잘하는 편이라고 생각했다. 당시 20대 초반이었던 나는 유려하게 이어지는 말솜씨를 연습하고 멋들어지게 차려입는 것에 신경 썼다. 무엇보다 주목받기 위해 기발하고 튀어 보이려고 애썼다.

그러나 그날 최고의 프레젠테이션을 보여주었던 발표자는 멋이라고는 단 하나도 내지 않은 50대 아저씨였다. 기름칠한 듯한 언변의 소유자도 아니었고 심지어 말의 속도도 빠른 편이었다. 스크린에 띄운 발표 자료는 마치 급조한 것마냥 아무것도 없는 흰 바탕의 슬라이드에 내용은 검은색 바탕체로 쓰여 있었다. 참고 이미지는 인터넷에서 그냥 복사해 붙여 넣어 크기도 제각각에 보정도 되지 않은 '날것'이었다.

말을 잘한다는 건 말 자체를 잘하는 게 아니었다. 정확한 분석과 기획이 있고 나서야 말이 있다. 청중의 가슴에 그대로 꽂힐 메시지, 진짜 힘은 그 메시지에서 나오는 것이다. 말에 담긴 메시지가 곧 말이다.

그의 프레젠테이션이 남달랐던 이유 또 한 가지는 신념과 간절함이 담겨 있었다는 것이다. 단순히 이슈나 국면 전환을 위해 잔뜩 꾸며서 한번 쓰고 버리는 이른바 '인스턴트 프레젠테이션'이 아니었다. 그는 실제로 삽살개 이슈에 많은 관심을 갖고 다양한 활동에 참여하고 있었다. 그래서였을까, 단어 하나에도 마음에서부터 우러나오는 힘이 실려 있었다.

결국 중요한 건 정확한 분석과 기획, 진정성이다. 10년이 넘은 지금도 아직 그와 같은 프레젠테이션은 본 적이 없다. 언젠가 나도 그런 프레젠테이션, 담백하지만 청중의 가슴을 울리는 메시지를 전할 날을 꿈꿔본다.

말 좀 못하면 어때?

"떨리지 않아요? 저는 사람들 앞에만 나가면 말을 잘 못하겠어요."

회사를 대표해 외부에서 프레젠테이션을 진행할 때 사람들에게 가장 많이 들었던 말이다.

그럴 때면 나도 이렇게 말한다.

"저도 떨리죠. 저도 버벅대로 꼬일 때 많아요."

일부러 안심시키려고 하는 말이 아니라 정말 그렇다. 여전히 발표 전이면 가끔은 배가 아프기도 하고 입이 바짝 마른다. 겉으로 티가 덜 나는 것뿐이다. 때로는 말이 헛나오고 몹시 당황하기도 한다. 하지만 누가 알아채기 전에 페이스를 잃지 않고 빨리 제자리로 돌아오려고 애쓴다. 6년 넘게 출근해서 프레젠테이션만 했던 하는 사람도 그렇다. 누구나 사람들 앞에 서면 떨리고 말이 잘 안 나오는 건 지극히 정상이니 걱정할 필요가 없다.

'말잘러'가 아니어도 괜찮아

떨리는 모습을 사람들에게 들키지 않기 위해서는 두 가지를 떨쳐내면 된다.

첫째, 틀리지 않고 완벽하게 말해야 한다는 압박감과 사람들이 나를 보고 있다는 부담감이다. 제아무리 발표의 신이라 해도 매번 완벽하게 말할 순 없다. 그리고 사람들은 내가 생각하는 것만큼 나에 대해 별로 관심이 없다. 아마 발표가 끝나면 내 얼굴도 잘 기억하지 못할 것이다.

둘째, 말 자체를 잘하지 못한다는 두려움이다. 하지만 정말 못해도 괜찮다. 무슨 말인지 알아듣지 못할 정도로 조음기관에 문제가 있는 게 아니라면 말이다. 만일 그런 경우라면 이런 책보다는 전문적인 치료와 트레이닝을 받는 것이 훨씬 효과적이다. 흔히 스피치 기법이라고 하는 것 중에 배워서 쓸 만한 것들은 남들이 내 말을 제대로 알아듣지 못할 정도로 물리적인 어려움을 겪는 사람들에게 효과가 있다. 혀가 무척 짧거나 말을 더듬거리거나, 발음이 새거나 말하는 속도가 너무 빠르거나 소리가 극도로 작은 경우 말이다.

위와 같은 상황이 아니라면 말을 하는 데 아무런 문제가 없다. "나는 말을 잘하지 못해서 발표하는 게 너무 무서워"라고 걱정하는 사람들 가운데 정말 말을 못 하는 사람은 한 명도 없었다. 사람들 앞에서는 떨려서 말을 못 하겠다는 분이 수십 명 앞에서 신들린 듯 춤추는 광경도 봤다. 오히려 수백 번 프레젠테이션을 해 온 나는 떨리고 부끄러워서 사람들 앞에서는 춤은커녕 어깨를 들썩이지도 못한다.

한 가지 분명히 해두자. 프레젠테이션을 비롯해 회사에서 말로 하는 모든 일의 목표는 "그 사람, 말 진짜 잘한다"라는 찬사를 받는 것이 아니다. 그러니 완벽하게 말하는 것으로 승부를 보려고 하지 말자. 정말 대본대로 틀리지 않고 완벽하게 말하는 게 중요하다면 틀리지 않고 대본을 읽어주는 프로그램이 대신하면 될 일이다.

백 마디 말로도 대신할 수 없는 것

몇 년 전 사업의 재계약을 위해 기존 고객 앞에서 제안 발표를 한 적이 있다. 통상 이런 경우 현장 책임관리자가 함께 참여해 프레젠테이션 마지막에 1분 내외로 마무리 멘트를 하곤 한다. 대부분이 다시 한번 믿고 기회를 준다면 최선을 다하겠다는 내용이다. 열에 아홉은 이 내용을 매우 격식 있고 다듬어진 문장으로 A4 용지에 빼곡하게 적어 발표 직전까지 최선을 다해 외운 뒤 그대로 읊는다.

이 1분의 발표가 계약 성공에 미치는 영향은 얼마나 될까? 사실 복불복이다. 현장 관리자를 발표에 참여시키는 이유는 단 하나다. 사업에 대한 책임감, 열정과 의지를 보여줌으로써 고객을 안심시키기 위해서다. 특히 구면인 고객을 대상으로 하는 자리에서는 새로운 정보나 메시지를 전달한다기보다는 말로 설명되지 않는 좋은 인상과 느낌, 신뢰를 심어준다는 의미가 크다.

내가 프레젠테이션 마지막 1분을 위해 발표자에게 부탁한 것은 두 가지였다. 그동안 일하면서 기억에 남는 일이나 사소한 이야기들을 많이 공유해줄 것, 그 이야기들을 외우지 말고 내 앞에서 연습할 때처럼 똑같이 이야기해줄 것이었다. 그렇게 말하자 많은 사람이 그렇듯 그 발표자도 사람들 앞에만 서면 얼굴이 빨개지고 목소리가 떨린다고 했다.

"그러면 더 떨면서 하셔도 돼요. 괜찮아요."

프레젠테이션이 거의 막바지에 이르렀을 때쯤 나는 짧은 눈짓으로 그에게 신호를 보냈고 모두가 끝난 줄 알았던 발표가 다시 시작됐다.

"안녕하세요오…."

시작부터 목소리의 떨림이 그대로 전해졌다. 이어서 무슨 말을 할지 이미 알고 있는 나조차 왠지 먹먹했다.

그가 일하면서 직접 경험했던 자신만의 이야기가 이어졌다. 다리를 다쳐 출근하는 것도 힘들었을 때 평소에 알던 고객이 다가와 무거운 짐을 들어주며 걱정해주었던 일부터, 그는 단지 일이라고 생각했던 작은 이벤트나 서비스에 크게 감동했다는 고객의 편지를 받았을 때의 일까지, 현장에서 함께한 작은 순간들이 모여 이제는 고객이 아니라 동료인 듯 느껴진다는 그의 말은 진심이었다. 떨리는 목소리 때문에 모든 문장이 100퍼센트 정확히 들리진 않았지만 그가 어떤 마음으로 사업을 꾸려나가려 하는지 마음이 고스란히 전해졌다.

마지막 인사에서는 흔히 하는 "제게 한 번만 더 기회를 주시면 최선을 다해서 해보겠습니다"가 아니라 "제가 매일 아침 ○○의 직원들과 같이 통근버스를 타고 출근하는데요. 저는 내일도, 앞으로도 계속 그 버스를 타고 함께 출근하고 싶습니다"로 마무리했다. 이 멘트는 물론 사전에 인터뷰를 통해서 내가 고심 끝에 만들어낸 문장이지만, 발표자가 진심으로 이야기해야만 진가가 발휘될 말이었다. 그가 가슴이 벅차올라 말하는데 그 모습을 보는 나도 눈물이 핑 돌았다.

물론 이와 같은 전략이 유사한 모든 상황에 통용되는 방식은 아니다. 이 사례를 통해 내가 하고 싶은 말은 어떤 발표에서든 '말하기' 자체가 가장 중요한 것은 아니라는 사실이다. 이날 프레젠테이션은 가장 중요한 목적인 '진정성 있는 반성과 개선의 의지', '책임자의 의욕'을 잘 표현했을 뿐이다. 만일 똑같은 상황이었다 하더라도 발표의 목적이 전문성을 드러내는 것이었다면 전혀 다른 프레젠테이션을 했을 것이다. 유창한 말하기만이 답이 아니다.

내가 멋있고 잘나 보여야 한다고 생각하는 순간부터 발표는 두렵고 부담스러운 일이 된다. 떨어도 좋고 말이 유창하지 않아도 괜찮다. 맨 앞에 서 있다고 해서 내가 주인공은 아니다. 설사 주인공일지라도 주인공은 늘 완벽하지 않으며, 완벽하다고 해서 사람들에게 더 사랑받는 것도 아니다. 오히려 발표자는 말 속에 담긴 메시지를 돋보이게 하는 감초 같은 조연에 가깝다.

이 부장의 실전 말하기 꿀팁

사람들 앞에 서는 것만으로도 떨리는 당신을 위한 마인드 세팅법

1. 머릿속에 당근농장을 떠올려라
당신은 지금 당근농장에 와 있다. 지금부터 내 앞에 있는 사람들을 당근이라고 생각한다. 당근을 떠올리기 어렵다면 좋아하는 강아지 등 떠올리기 쉽고 편한 것을 그린다. 당근이 다섯 개든, 수백 평에 꽉 찼든 그래봐야 당근이다. 내게 반응하는 사람이 아니라는 상상만으로도 마음은 한결 편해질 수 있다.

2. 당근농장에서 탈출했다면 오직 한 사람만 보자
한 명만 집중해서 공략한다. 그 한 명을 고르는 기준은 가장 반응(reaction)이 좋은 사람이다. 고개를 많이 끄덕여주거나 웃어주는 사람, 내 마음에 들거나 편안한 인상의 사람을 고르면 좋다.

3. 그래도 떨리는 눈빛을 감출 수 없다면 네모를 그려라

청중의 얼굴을 자연스럽게 쳐다보는 것이 가장 좋지만 너무 떨려서 그럴 여유가 없다면 다음과 같이 해보자. 눈앞에 보이는 공간에 가상의 큰 사각형을 그리고 가운데에 점 하나를 찍는다. 그 점의 바로 조금 위를 바라보면 어색하지 않은 시선이 된다. 시선이 사방으로 분산되고 이리저리 흔들리는 것보다는 한곳에 집중하는 편이 좋다.

4. 두 손을 꼭 잡아라

손을 많이 움직이는 것은 불안함의 표현이다. 몸을 움직이는 것도 마찬가지다. 마치 오케스트라를 지휘하듯 몸을 많이 쓰는 것은 금물이다. 나의 의지에 따라 손을 자유자재로 쓰는 것이 아니라 단순히 떨려서 손을 움직인다면 배꼽 정도의 높이에 두 손을 모으고 차라리 움직이지 말자. 작은 종이 큐카드, 포인터를 사용한다면 그 역시도 양손으로 잡고 큰 움직임을 만들지 않는 것이 좋다.

말하기가 능력이 될 때

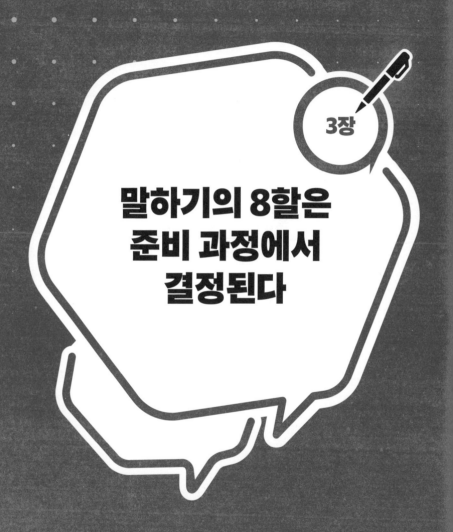

3장

말하기의 8할은
준비 과정에서
결정된다

▶▶▶　발표는 하는 사람도 부담스럽지만 듣는 사람도 괴로운 일이다. 그중에서도 프레젠테이션은 듣는 이에게 난이도 최상의 인내심을 요구한다. 꽤 긴 시간 동안 진행되는 데다 대부분 주제는 재미가 없으며 발표자도 세상의 모든 근심을 짊어진 듯 긴장한 표정으로 얼어 있다. 발표하는 내내 회의실을 내리누르는 무거운 분위기는 말할 것도 없다. 그래서 파워포인트 프레젠테이션으로 진행되던 화려한 발표를 금지하고 키워드 중심의 엑셀을 사용하거나 한 장짜리 워드 페이퍼로 간소화하는 회사들도 생겨났다고 한다.

하지만 단순히 발표 형식의 문제만은 아니다. 오랜 시간 남이 하는 얘기를 듣는 것을 좋아하는 사람은 없다. 모두가 싫어하는 이 프레젠테이션을 들을 만한 이야기로 만들려면 말하기 전부터 더 많이 준비하고 철저하게 시뮬레이션해봐야 한다. 프레젠테이션의 성패는 현장이 아니라 준비 단계에서 이미 결정된다.

프레젠테이션,
모르니까 두렵다

공포영화는 왜 무서울까? 언제 뭐가 나올지 모르기 때문이다. 미래는 왜 불안할까? 언제 무슨 일이 생길지 모르기 때문이다. 그렇다면 프레젠테이션은 왜 떨리는 걸까? 발표할 때 언제 어떤 상황이 펼쳐질지 몰라서다. 해결은 간단하다. 이렇게까지 알 필요가 있을까 싶을 만큼 최대한 많이 알면 된다. 시간과 정보가 충분하지 않다면 적어도 공간, 시간, 청중 세 요소는 기본적으로 꼭 알아두어야 한다.

시공간을 지배하면 프레젠테이션의 판이 바뀐다

어디서 발표하는가?

낯선 곳에 가면 대부분 사람은 긴장하는 동시에 설레는 기분이

든다. 여행지라면 맘껏 즐기겠지만 만일 그 낯선 곳이 프레젠테이션 장소라면 곤란하다. 본인이 잘 아는 지역에서는 반은 먹고 들어간다는 말처럼, 프레젠테이션할 공간에도 최대한 익숙해져야 발표를 주도적으로 이끌어갈 수 있다.

장소에 미리 가보는 것이 가장 좋지만 직접 가볼 수 없다면 사진으로라도 확인하자. 사진을 구하기 어렵다면 머릿속으로 상상이라도 할 수 있도록 장소에 대한 정보를 확인한다. 그리고 확인한 내용을 바탕으로 종이에 공간 배치도를 그려보자.

새로운 지역에, 처음 가보는 곳에서 입찰 프레젠테이션을 진행할 때 내가 가장 먼저 하는 질문은 "발표 장소가 어떻게 생겼어요?"였다. 공간의 넓이는 얼마나 되는가? 책상은 어떻게 배열되어 있는가? 문은 어디에 있는가? 스크린 앞에 단상이 있는가? 발표자와 청중 사이의 거리는 얼마나 되는가? 마이크를 사용하는가? 최대한 꼼꼼하게 물어보고 여기서 얻은 정보를 바탕으로 머릿속에 공간을 그려본다. 이렇게 공간에 익숙해지는 것만으로도 떨림은 반으로 줄어든다.

언제 발표하는가?

시간은 분위기와 사람들의 컨디션까지 의외로 많은 부분에 영향을 준다. 언제 발표하는지에 따라 발표자는 톤 앤드 매너(tone and manner)나 전체 분위기 등을 조절하면서 발표를 유연하게 이끌어야 한다. 긴장도가 높은 월요일인가, 주말을 앞둔 편안한 금요일인가? 하루를 시작하는 오전인가, 이미 꽤 늦은 오후인가? 청중의 집중도와 분위기는 시간에 따라서도 달라질 수 있다. 이에 대비해 미리 시나리오를 준비해야 한다.

한번은 오후에 발표를 진행할 때였는데, 앞서 발표한 기업들의 프레젠테이션 시간이 길어지는 바람에 예상보다 두 배 이상 시간이 지체되었다. 평가위원들은 3~4시간 동안 길고 재미없는 프레젠테이션을 듣느라 지쳤을 것이고, 업체별로 제안 내용 수준은 별 차이가 없을 것이었다.

그런데 그날 나는 기가 막힌 오프닝 스토리를 야심 차게 준비해두고 있었다. 이런 생각을 해낸 내가 너무 기특할 정도로 드라마틱했고 '이야! 이걸 사람들이 들으면 어떤 반응일까?' 하며 기대에 잔뜩 부풀어 있었다. 하지만 아무리 어마어마한 스토리를 준비했다 한들 그런 타이밍에는 천지가 뒤집힐 만한 말을 해도 아무 관심이 없을 게 뻔했다. 준비한 말을 그대로 할 수도 없었지만 그렇다고 그걸 대체할 만한 아이디어가 당장 떠오르지도 않았다. 한 가지 분명한 건 발표장의 무거운 공기를 바꿔야 한다는 사실이었다. 내 발표 순서는 세 번째였다.

> "힘드시죠? 그 이야기가 그 이야기 같고, 대체 이거 언제 끝나나 싶고요. (관중들 웃음) 지금부터 제가 할 말도 아마 크게 다르지 않을 수 있습니다. 그런데 여러분, 왜 그런 말 있잖아요. 딸 중에 몇째 딸이 젤 예쁘다고 하죠?"

"셋째 딸이요!"

"네, 맞습니다. 저, 세 번째로 발표하니까 셋째 딸 예쁘게 봐
주시고 한 번만 더 힘내서 같이 가봅시다!"

지루한 흐름을 끊어서 분위기가 되살아난 것인지, 아니면 나
의 애쓰는 모습을 정말 예쁘게 봐주었던 것인지는 알 수 없다.
어쨌든 사람들은 다시 깨어나 집중했고 프레젠테이션의 결과는
성공이었다.

누가 발표를 듣는가?

청중의 수, 나이, 성별은 기본 중의 기본이다. 같은 곳에 소속된
청중이라면 홈페이지, 기사 검색을 통해 공통의 이슈를 파악해
야 한다. 소속이 다르다면 그날의 주제에 대한 공통 관심 사항과
다 함께 공감할 수 있는 이야기를 고민해야 한다. 이 정도 수준
의 정보 탐색은 매우 기본적인 사항이지만 실제로 발표를 준비
하는 과정에서 쉽게 놓치는 부분이다.

특히 프레젠테이션에 자신감이 붙을수록 이 정도쯤은 안다고
지레짐작으로 넘겨버리고 바로 말하기 단계로 넘어가는 실수를
한다. 대충 그럴듯하게 말만 잘하면 될 것이라고 믿고 싶겠지만
청중들은 금방 알아챈다. '저 사람, 제대로 공부도 안 하고 왔네.'
기본적으로 알 건 알아야 한다. 기본은 선택 사항이 아니라 필수
조건이다.

MC계의 양대 산맥으로 꼽히는 강호동의 애드리브는 사실 순간적으로 나오는 애드리브가 아니다. 그는 사전에 철저한 준비를 통해 '내가 언제쯤 이 말을 해야지' 하는 지점까지 계산한다고 한다. 프레젠테이션에서 발휘되는 재치나 기지 역시 기본에 충실한 분석과 준비의 과정들이 차고 넘칠 정도로 철저해야만 가능하다.

정답은 없지만
더 나은 프레젠테이션은 있다

누군가 "프레젠테이션은 이렇게 하는 거야!"라고 말한다면 일단 의심부터 하고 봐야 한다. 프레젠테이션에는 절대적으로 옳은 답도, 정해진 방법도 없다. 세상에 똑같은 프레젠테이션 조건은 단 하나도 없기 때문이다. 다만 제대로 말하는 방법이 있을 뿐이다.

같은 상황이라도 더 나은 프레젠테이션을 만들어낼 수는 있다. 앞서 쉽게 논리적 구성을 갖추는 방법으로 언급했던 육하원칙 중에서 '왜?'에 대한 답, 즉 '이 발표를 왜 하는가?'에 대한 발표자의 분석과 기획력이 그 답이다.

반박 불가 프레젠테이션을 만드는 'WHY'의 힘

몇 년 전 TV에서 방영했던 인기 드라마 〈스토브리그〉에서 프레

말하기가 능력이 될 때

젠테이션의 좋은 예를 본 적이 있다. 야구단을 이끄는 단장 역을 맡은 남궁민 배우의 발표였는데, 구단의 모든 구성원이 반대하는 선수 트레이드 제안을 담은 프레젠테이션이었다. 그는 모두가 팀에 꼭 필요하다고 생각하는 간판선수를 방출해야 한다고 주장했고, 그 누구도 동의하지 않을 게 뻔했다. 실패가 뻔히 보이는 이 프레젠테이션을 앞두고 걱정하는 운영팀장에게 단장은 이렇게 말한다.

"완벽한 프레젠테이션은 애초에 반대하러 온 사람들도 설득할 수 있어야 합니다."

그의 발표는 사람들이 반대하는 모든 이유를 반대할 수 없도록 뒤집었고, 누구도 더는 반박할 수 없었다. 그는 자신이 주장하는 내용을 상대가 뭐라고 반박할지, 반대 주장을 재반박할 근거가 무엇일지까지 미리 준비했기 때문이다. 마치 바둑에서 몇 수를 앞서 보는 것처럼 말이다.

그만큼 철저한 분석과 기획을 바탕으로 한 프레젠테이션은 안되는 일도 되게 할 정도로 놀라운 힘을 발휘한다. 대개 처음 현황 분석을 할 때 쉽게 떠올리는 정보들이 있다. 시간, 장소, 청중 등이 대표적인데, 이는 누구나 비슷하게 접근할 수 있는 공개된 정보이기 때문에 범위와 깊이에서 큰 차이가 나지 않는다. 그러나 '왜?'에 대한 판단은 다르다. 흔히 말하기의 목적과 방향성이 여기에 해당하는데, 최대한 개수가 적고 범위가 좁을수록 명확해진다.

새로운 정보를 전달할 것인가?

- 쉽고 편안하게 전달할 것인가?
- 전문적으로 깊게 전달할 것인가?

결단과 변화를 끌어내는 것인가?

- 이성적으로 설득할 것인가?
- 어떤 논리로 접근할 것인가?
- 감정에 호소할 것인가?
- 어떤 감정의 취약점을 건드릴 것인가?

특별한 경우를 제외하고는 말하기의 목적은 대체로 위 두 가지 경우다. 하지만 목적을 성공적으로 달성하기 위한 설득 전략의 수는 훨씬 더 많다. 예를 들어 수신자가 중요한 타깃이라면 사람의 성향을 파악하고 설득해야 한다. 그리고 개별 내용 자체의 설득력을 강화하기 위한 기법들은 더 다양하다.

수신자가 타깃일 경우

- 칭찬, 호소 등의 감성적 자극
- 탄탄한 논리와 객관적인 증거를 바탕으로 한 분석적 접근
- 얻을 수 있는 큰 이득을 제시하고 선택하지 않았을 경우 불이익 제시
- 관심과 공감으로 라포(rapport, 상호 유대감) 형성

설득력을 강화하기 위한 기법

- 사례와 통계, 수치 등 객관화된 정보 활용
- 전문가의 말, 연구를 바탕으로 권위 확보
- 유비, 비교, 대조 활용

이 외에도 시중에 나온 논리학, 설득심리학, 소비자 마케팅, 광고, 홍보 관련 서적을 찾아보면 설득의 논리를 만들고 체계화하는 다양한 방법이 나온다. 그 모든 방법을 말하기 상황에서 공식처럼 대입해 쓸 순 없지만 위와 같은 접근법들은 보통 어렵지 않게 활용할 수 있는 설득 전략이다.

나아가 프레젠테이션 상황을 중심으로 생각해본다면 발표자가 알고 있는 특정한 정보도 매우 중요한 기준이 될 수 있다. 예를 들어 핵심 결정권자인 키맨(keyman)의 영향력이 막강하다는 사실을 알게 되었다면 그 키맨의 니즈가 기준이자 정답이다. 키맨의 의사결정 방식 또는 지난 사례를 찾아보거나 성향을 파악하는 것이 급선무다. 키맨이 권위나 체면을 중요하게 생각하는 사람인지, 실용을 추구하는 사람인지, 감정에 흔들리는 사람인지에 따라 옳은 전략에 대한 기준은 달라질 수 있다.

반대로 파악하기 힘든 불특정 다수를 대상으로 하거나 발표자가 판단할 수 있는 정보가 거의 없는 경우는 누구라도 수긍할 수밖에 없는 보편타당한 논리를 펼치는 것이 최선이다. 이때는 개인적인 주장을 펼치기보다는 주장을 입증하는 근거의 출처를 분명히 밝히거나 공신력 있는 사람의 사례를 활용하는 것이 좋다.

물론 모든 방법을 활용할 순 없다. 빈틈없는 논리로 무장해 객관성과 전문성을 확보하면서도 사람들의 심금을 울려 감동을 자아내기란 불가능에 가깝다. 여러 가지 방법을 비교하면서 오답을 지우고 가장 정답에 가까운 하나를 최종 선택해야 한다.

프레젠테이션에 담긴 모든 것은 이유가 있다

프레젠테이션은 하나의 덩어리로 봤을 때도 목적이 분명해야 하지만 개별적인 부분들도 각자 이유가 명확해야 한다. 일종의 유기체 또는 시스템처럼 각각의 부분은 그 자체로도 역할이 있고, 부분이 모였을 때도 역할이 있어야 한다. 발표자의 표현, 몸짓, 발표 자료에 있는 이미지와 단어 하나까지 왜 필요한지, 왜 그렇게 해야 하는지 설명할 수 있어야 한다. 말의 목적과 필요성을 점검하다 보면 자연스럽게 불필요한 행동이나 말은 줄어들고, 발표자의 의도와 다른 의미가 전달될 가능성도 줄어든다.

러시아 작가 안톤 체호프는 "1막에서 벽에 총이 걸려 있었다면 2막에서는 그 총을 쏴야 한다. 그렇지 않으면 그 총을 벽에 걸어둘 이유가 없다"라고 말했다. 무대에 있는 모든 것에는 반드시 이유가 있어야 한다. 말할 때 사용되는 모든 요소가 말의 목적에 부합한지 점검하고 선별하라.

더 나은 프레젠테이션을 기획하기 위한 아이디어 로직

A라는 서비스를 제안하는 프레젠테이션을 준비한다고 하자. 경쟁 서비스와의 장단점 비교 데이터, 시장 이슈 및 상황, 발표를 들을 고객과 관련된 정보를 바탕으로 여러 갈래의 프레젠테이션 전략을 세울 수 있다. 적확한 분석과 핵심 메시지 없이는 성공하는 전략을 만들 수 없다.

	1안	2안
상황 분석	비용 상승에 대한 우려	신규 서비스 도입과 필요성에 대한 의구심
소구점	경쟁사 대비 가성비	차별화된 기능
전략	① 연간 금액 대신 월 단위, 일 단위 금액 산출 또는 해당 서비스와 관련된 프로젝트 전체 비용에서 차지하는 비율로 설명 ② 기존 비용 부담 초과분에 해당하는 만큼의 추가 서비스 및 혜택 제시	① 당사 제품의 기능이 미탑재된 제품을 사용할 때 발생할 수 있는 최악의 상황을 제시 → 손실에 대한 두려움 ② 동종 또는 유사 업종의 개선 효과 사례
도출 메시지	서비스 우수 협업 모델로 개발, 투자 약속	있으면 더 좋은 플러스알파가 아닌, 없으면 안 되는 마이너스알파임
기타	합리적인 투자나 작은 변화를 통해 큰 성공을 거둔 기업이나 인물의 사례 활용	역사적으로 현재에 안주하다가 멸망했던 나라의 사례 활용

청중에게 답이 있다

'대화의 신'이라 불리는 미국의 전설적인 앵커 래리 킹은 청중이 누구인지 파악하는 것부터가 이미 발표 준비 과정에 포함된다고 했다. 듣는 사람들이 누구인지, 그들의 문제는 무엇인지, 듣고 싶어 하는 말은 무엇인지 아는 것부터가 발표 준비의 시작이다.

몹시 중요한 계약 성사를 눈앞에 둔 프레젠테이션 자리에서 최고 의사결정권자가 바로 앞에 있다고 생각해보자. 이때 발표자가 해야 할 말은 본인이 하고 싶은 말이 아니라 상대방이 듣고 싶은 말이다. 내가 내뱉는 말이 허공에서 의미 없이 사라지지 않고 상대의 심장을 뛰게 하려면 그가 원하는 것을 주어야 한다. 상대에 대한 이해와 니즈 파악은 묻지도 따지지도 않고 지켜야 할 기본 원칙 중의 기본이다.

예를 들어 자사 제품을 납품하기 위한 프레젠테이션을 한다고 해보자. "이 제품은 세계 여러 나라에서 인정받을 만큼 품질이 뛰어나고, 서비스도 좋고, 실제 도입한 기업들에서 생산성이 증대된 사례까지 있습니다." 며칠 동안 치밀하게 준비해서 완벽하게 발표했는데 정작 CEO의 입에서 나온 말은 "그래서 얼만데?"다. 결국 최저가를 제시한 업체가 선정되었다는 이런 이야기는 우리 주변에서 꽤 흔하게 볼 수 있다.

그들이 듣고 싶어 하는 말은 무엇인가?

청중의 최근 관심사는 무엇인가? 어떤 말을 듣고 싶어 하는가? 원하는 것은 무엇인가? 관심을 표현하는 방법으로 흔히 옷이나 소품 색깔을 청중이 소속된 집단의 색상으로 맞추라는 얘기가 있다. 하지만 이것을 단순히 스피치 전략이라고 생각하고 받아들여서는 곤란하다. 관심은 진심의 표현이어야만 한다.

그렇다면 내가 청중에게 관심이 있다는 사실을 어떻게 드러내야 할까? 1차원적으로 "귀사의 대표 컬러가 빨간색이라 빨간 옷을 입었어요" 같은 접근은 안 된다. "그래서 뭐? 그게 어쨌는데?"라고 물어왔을 때 이유를 대답할 수 있어야 한다.

한 자동차 업체의 체험 시설 제안 프레젠테이션을 진행할 때의 일이다. 마침 그 회사의 브랜드 차를 갖고 있던 터라 나는 프레젠테이션 당일에 자동차 열쇠를 챙겨 갔다. 그런데 정말로 프레젠테이션을 할 때 청중에게 열쇠를 보여주며 "저도 여러분 회사 차를 타고 있어요. 너무 반갑고 특별한 인연인 것 같아요"라고 말하면 좋은 결과가 나올까? 그럴 거라면 굳이 열쇠를 챙기지 않아도 된다. 그날 내가 했던 오프닝은 다음과 같다.

> "저는 출근할 때 대중교통을 이용하는데 오늘은 차 열쇠를 특별히 챙겨 왔습니다. 모양만 봐도 뭔지 아시겠죠? 제가 이 차에 대한 애정이 너무 크다 보니 온라인 카페 활동을 굉장히 열심히 합니다. 정보도 많고 활동도 활발하거든요. 무엇보다 이 카페 회원들의 특이한 점은 대부분 개성이 뚜렷하고 새로운 경험에 대해 관심이 많다는 겁니다. 그래서 행사나 이벤트도 많이 기획하시죠? 저는 오늘 제안 발표자이기 이전에 실제로 이 서비스를 이용하게 될 고객의 관점에서 제안을 준비했습니다. 제가 쓸 거거든요!"

입찰을 주관하는 팀은 단순히 매출 증대를 위한 마케팅이 아니라 소비자들의 경험 증대를 통해 브랜드 인지도를 높이길 원하며, 오랜 기간 높은 브랜드 충성도를 유지하고 있는 회사라는 점까지 고려한 오프닝이었다.

관심이라는 것은 모호한 개념이다. 그래서 상대가 쉽게 마음을 알아채기 어렵고 진심을 의심하기도 쉽다. 특히 비즈니스 목적 외에 다른 연결 고리가 없는 경우라면 진정성을 담기는 더욱 힘들다. 어설픈 관심이나 친한 척은 역효과만 불러올 뿐이다. 그래서 상대방의 니즈나 동향 등의 정보를 파악할 때는 얕고 넓게 파기보다는 하나라도 깊이 파야 한다.

프레젠테이션 같은 특정한 말하기 상황이 아니라도 마찬가지다. 처음 만나는 사람과 친밀감을 높이기 위해 흔히 사용하는 학연이나 지연을 들먹이는 건 하수다. 이 사실만으로는 관계가 형성되지 않는다. 더군다나 만나는 사람과 매번 이런 공통분모가 생기는 것도 아니다.

내가 꼭 상대와 같은 소속일 필요도 없고, 실제로 그렇다고 해도 크게 달라질 것은 없다. 차라리 상대방의 고향 지역에 방문했을 때 인상적이었던 경험을 구체적으로 묘사한다든지, 함께 공감할 수 있는 구체적인 이야기를 나누는 것이 훨씬 효과적이다. 왜냐하면 사람들은 팩트가 아닌 스토리를 공유하면서 관계를 형성하기 때문이다. 심리적인 거리는 공감이 깊어질수록 좁아진다.

오래전 프레젠테이션을 진행했던 한 기업은 내 고향에 있었기에 무척 친숙했다. 개인적으로는 반갑고 친근함을 느꼈지만 앞서 말했듯이 그 자체만으로는 연대감을 조성할 수 없다. 물론 "안녕하세요. 제가 나고 자란 도시에 와서 발표하게 되어 더욱 특별하고 설렙니다"라는 말을 지역 사투리로 전하긴 했다. 뒤이어 준비한 것은 해당 기업이 위치한 공단의 야경 사진이었다.

"어딘지 다 아시죠? 아마 관광객이나 처음 보시는 분들은 이곳을 불빛이 반짝거리는 야경이 예쁜 곳으로 알고 계실 겁니다. 하지만 저는 이 불빛, 공단의 조명들이 365일 꺼지지 않는다는 걸 알고 있고, 멀리서는 보이지 않지만 불빛 아래에서 열심히 일하시는 분들이 먼저 보입니다. 제 아버지도 ○○ 기업에서 오래 근무하셨거든요. 저는 오늘 제안을 드린다기보다는 지금 이 자리에 계신 아버지들의 딸이라는 생각으로 진심을 담아 열심히 설명하겠습니다."

이 부장의 실전 말하기 꿀팁

절대 틀려서는 안 될 그 이름

진심으로 사랑을 얘기하더라도 그 순간에 과거 애인의 이름이 입에서 나온다면 바로 끝이다. 마찬가지로 프레젠테이션을 듣는 대상의 이름은 절대로, 무슨 일이 있어도 틀리면 안 된다. 정 기억나지 않는다면 '여러분', '귀사'라고 불러라. 그조차 어려운 상황이라면 차라리 부르지 마라.

말하기가 능력이 될 때

듣는 사람에게
들을 명분을 주어라

기본적으로 사람들은 남의 말을 듣는 데 인색하다. 듣는 것보다는 내가 말하는 것이 더 재미있고 신나기 때문이다. 나부터도 예외는 아니다. 그럼에도 특별히 남의 말에 관심이 가는 경우는 두 가지다. 내게 이득이 되거나, 나와 같은 생각이라서 공감이 되거나다.

공감대는 오랜 시간 상대를 알고 지냈거나 정확하게 니즈를 캐치하지 않는 이상 쉽사리 만들어낼 수 없다. '사람을 때리면 안 된다' 같은 선과 악의 문제나 '해는 동쪽에서 뜬다' 같은 사실 정도를 제외하면 사람의 생각은 세대, 시대, 취향, 관심사 등에 따라 모두 다르기 때문이다.

당신이 내 이야기를 들어야만 하는 이유

무엇보다 프레젠테이션이 일반적인 말하기와 가장 크게 다른 점은 대화를 통해 사람 사이의 공감이나 소통 과정을 만들어가는 것 이상의 목적이 있다는 점이다. 다수를 대상으로 한 말하기는 나름의 목적이 있긴 하지만 프레젠테이션은 그중에서도 가장 높은 단계의 목적이 있다.

역시 다수를 대상으로 하는 대표적인 말하기인 강연이나 강의는 정보나 지식을 전달하긴 하지만 이를 받아들이는 것은 청중의 선택에 달려 있다. 강연이 끝나고 난 뒤 책을 구매하게 한다든지, 강의 평가 점수를 매기게 한다든지 등 매우 구체적인 행동을 유도하는 자리도 있긴 하지만 대개는 그렇지 않다. 그러나 신제품의 출시 발표회나 사업 수주를 위한 프레젠테이션이라면 물건의 구매 또는 낙찰 같은 결과나 청중의 즉각적인 선택과 변화를 목표로 한다.

이렇게 의도하는 목적이 분명한 말하기에서 상대방이 본인에게 이득이 된다는 느낌을 쉽게 받기란 힘들다. 그래서 발표자는 진짜 속내를 들키지 말아야 한다. 청중은 발표자에게 유리한 방향으로 자신이 설득당해서 끌려가고 있다는 느낌이 들면 바로 마음을 닫는다. 우리가 광고나 스팸 전화를 바로 끊어버리는 이유가 무엇이겠는가.

그렇다면 내 이야기를 듣게 하는 가장 확실한 방법은 듣는 사람에게 무언가 이득을 주는 것이다. 말은 내가 하는 것이지만 이야기에 나를 위한 내용이 담기면 안 된다. 내 이야기를 듣고 따랐을 때 상대가 무언가를 얻거나 좋아지는 것이 반드시 있어야 한다. 상대가 내 말을 들어야만 하는 이유를 주는 것이다. 이를 '명분'이라고 한다.

제안이라면 경쟁 대상 중에서 가장 매력적이고 혜택이 많다는 점을 강조해야 하고, 면접이라면 지원자 중에 가장 다양한 경험을 보유하고 있어 어느 부서에서나 쓰임새가 높다거나 어느 한 분야에서의 역량이 가장 탁월하다는 것을 보여줘야 한다. 압도적인 우위에 있거나 상대적으로 조금이라도 더 돋보일 수 있는 장점 등 다른 사람과 차별화되는 나만의 무기가 반드시 필요하다.

듣는 이가 스스로 결정하고 행동하게 하는 명분의 힘

명분이라는 건 그리 거창하지 않아도 된다. 내 주장이 '응', '그래서?', '어떻게 하라고?' 이 세 가지를 충분히 설명하는지 점검해 보면 된다. 일단 들어볼 만하고 조금 궁금해지다가, 이내 적극적인 관심을 불러일으키는 간단한 구조다.

먼저 '응'이다. 가장 낮은 단계의 관심 또는 공감을 얻는 단계다. 말을 꺼내자마자 듣는이가 "대체 뭐라는 거야?"라며 고개 돌리지 않을 정도의 공감이다. 이 단계에서는 상대방의 가려운 부분을 긁어주거나, 누구나 관심 가질 만한 이슈나 트렌드 등을 소재로 활용한다.

예를 들어 건강식 정기구독 서비스를 신청하게 하는 것이 진짜 의도라면 처음부터 "요즘 이런 좋은 서비스가 있다고 하는데…"로 시작할 게 아니라 "주변에 다이어트하는 사람은 진짜 많은데 그중에 성공한 사람은 몇 명이나 보셨어요?" 또는 "다이어트할 때는 사흘이 딱 고비잖아요. 해보신 적 있죠?"라고 이야기를 시작하는 것이다.

상대에 대해 어떻게 분석했느냐에 따라 도입부의 주제는 다이어트가 아니라 피부, 건강, 운동 등 관련된 다른 스토리가 될 수도 있다. 이 단계에서는 처음부터 나의 발톱을 드러내지 않고, 이것은 전적으로 당신을 위한 이야기이며 당신에게 피가 되고 살이 되는 이야기임을 먼저 전하는 것이 핵심이다.

다음 단계로 넘어가 보자. 물론 상대도 내게 다른 목적이 있음을 이미 알고 있다. 그렇지만 자신에게 더 많은 도움이 될지도 모르는 이야기라는 걸 빠르게 계산했다. 그래서 여기까지 '응, 그렇지'라는 반응을 끌어냈다면 '그런데 그건 왜?'라는 궁금증에 대한 답을 살짝 흘릴 차례다. 내가 정말 말하고 싶었던 본론 중 일부를 언급하는 것이다.

다만 그 내용이 상대방의 입장이나 관심사에 부합해야 한다. 다시 건강식 서비스 정기구독 이야기로 돌아가면 식단 관리의 중요성에 포인트를 줄 수도 있다. 상대가 알고 있는 경험과 정보가 많다면 더욱 범위를 좁혀서 스스로 식사를 준비해 먹는 번거로움 감소, 영양 균형에 대한 전문성, 맛과 품질에 대한 차별성, 메뉴의 다양성, 기존 서비스 대비 가격 경쟁력 등 많은 요소 중 일부를 선택해 강조하는 것이다.

얼마나 크고 강력한 명분을 만들어낼 수 있는지는 상대방의 처지가 되어 고민해본 시간에 비례하기 마련이다. 점집에서 점을 보는 상황과도 비슷한 면이 있다. 점쟁이는 어느 정도 손님에 대한 기본 정보와 간략한 고민을 듣고 주제와 대화의 방향을 추측한다. 좀 더 영민하다면 손님이 문을 열고 들어오는 순간 그의 걸음걸이나 옷차림과 외양, 말투까지 더 세밀하게 관찰하고 직업과 성격 등을 면밀하게 유추해볼 것이다.

이렇게 짧은 순간에 여러 분석과 방향 도출을 거쳐 점쟁이는 비교적 쉬운 질문부터 던져본다. "겉은 말끔하신 분이 마음속은 어찌 이렇게 어지러우실까?" 그리고 돌아온 답변이 무엇이든 손님의 편에서 공감해주고 차마 직접 시원하게 말하지 못하는 부분들을 짚어 대신 말해주는 정도면 충분하다.

이 과정이 잘 맞아떨어졌다면 손님은 "헉! 맞아요. 그럼 이제 저는 어떻게 하면 될까요?"라며 무한 신뢰를 보여준다. 그러면 게임은 끝난 것이나 다름없다. 그다음부터는 시키지 않아도 손님이 자기 이야기를 풀어내고 다음 주제에 대한 실마리를 알아서 제공해준다. 그런데 첫 단계부터 잘못 짚어서 상대가 '뭔가 아닌 것 같은데? 이상한데?'라고 의심하기 시작하면 그 후로는 아무리 맞는 말을 해줘도 형편없는 점쟁이로 전락하고 만다.

마찬가지로 프레젠테이션의 명분이라는 것도 이 두 단계에서 성패가 결정된다. 다만 점집에서 점을 보는 상황보다 더 유리한 점이 있다면 우리는 프레젠테이션을 하기 전에 훨씬 긴 준비 시간이 있고 정보를 얻을 채널과 방법도 다양하다는 점이다.

마지막 단계인 '어떻게 하라고?'는 특별한 전략이 없어도 된다. 앞의 두 단계에서 이미 공감이 잘되었다면 상대는 자신에게 도움이 되는 결과를 얻기 위해 뭘 어떻게 하면 될지 자연스럽게 귀를 기울인다. 아마도 상대는 본인의 필요와 선택에 따라 이야기를 듣는다고 생각할 것이다.

정리해보자. 우리는 남의 강요로 움직이거나 자신이 지금까지 지켜온 생각과 행동이 흔들리는 것을 싫어한다. 물가에 억지로 데려갈 수는 있어도 물을 먹게 할 수는 없다. 사람을 움직이려고 하지 말고 스스로 움직이고 싶은 마음이 들도록 해야 한다. 물을 먹일 방법 대신에 물을 먹어야겠다는 생각이 들게 만들 방법을 고민하는 것이 근본적인 해답이다. 질문의 출발점이 달라지면 누구에게든 물을 먹어야 할 명분 하나쯤은 만들어줄 수 있다.

내가 재미있어야
남도 재미있다

유튜브 시대에 재미는 필수다. 섬네일에서 눈길을 끌지 못하면 아예 선택조차 받지 못한다. 재미있어 보여서 클릭했어도 기대보다 별로라고 생각되면 가차 없이 창은 닫힌다. 내게 도움이 되거나 필요한 경우가 아니라면 사람들은 재미없는 남의 이야기를 참고 들어주지 않는다. 바로 스킵되는 콘텐츠가 되지 않으려면 먼저 나 자신에게 물어봐야 한다. '내가 봐도 재미있나?'

여기서 재미있다는 건 단순히 웃긴 이야기냐 아니냐를 말하는 것이 아니다. '한번 들어보고 싶은 마음이 생길 정도로 끌리는 이야기인가?'라는 뜻이다. 굳이 남들까지 갈 것 없이 내가 봐도 충분히 매력적인 콘텐츠인지 판단하는 일종의 자기 검증 과정이 필요하다.

재미있게 구성하는 방법은 콘텐츠의 성격과 종류에 따라 천차만별이다. 유튜브 콘텐츠는 이렇게 만들어야 한다는 법칙이 있는 게 아니듯 프레젠테이션도 이렇게 해야 한다는 공식은 없다. 입사를 위한 자기소개 프레젠테이션은 '이름 → 장단점 → 학창 시절의 활동 → 앞으로의 각오와 다짐' 순서로, 새로운 사업과 제품을 제안하는 프레젠테이션은 '회사 소개 → 시장(제품) 현황과 장단점 분석 → 본 사업 제안 → 기대 효과' 순서로 해야 한다고 누가 정했는가? 이 순서는 일반적으로 두루 적용할 수 있는 패턴일 뿐 정답은 아니다.

프레젠테이션의 형식은 누구도 만든 적이 없다

어디서 많이 본 듯한 익숙한 프레젠테이션을 그대로 따라 하지 마라. 정형화된 프레젠테이션은 '식상한 프레젠테이션'의 다른 말이다. 누가 꼭 이렇게 하라고 정하지 않는 한 프레젠테이션에는 형식이 없다. 다만 말하려는 주제와 콘텐츠를 돋보이게 하는 일회용 구성과 스토리가 있다. 그때는 맞지만 다른 주제에 접목할 때는 틀릴 가능성이 매우 크다.

유튜브 세계에선 일단 클릭을 끌어내는 것이 핵심이다. 앞서 말한 것처럼 유튜브에서는 매력적인 섬네일을 만드는 것이 중요한데, 이것이 프레젠테이션에서는 화두를 던지는 것과 같다. 그러나 섬네일에 낚여 열었다가 금방 닫아버리는 콘텐츠도 있듯이, 외면당하는 콘텐츠가 되지 않으려면 혹하는 미끼로 시청자를 현혹하는 꼼수를 부려서는 안 된다. 계속해서 볼 수 있는 구성이나 스토리 전개가 있어야만 생명력 있는 콘텐츠로서 긴 수명을 유지할 수 있다(주인공이 몹시 매력적이어서 그것만으로도 봐야 할 이유가 충분한 경우는 예외로 하자).

유튜브 콘텐츠와는 달리 진지하고 엄숙해야 할 것만 같은 프레젠테이션은 어떻게 재미있게 구성할 수 있을까? 방법은 다양하다. 주제, 스토리, 청중, 공간 등 수많은 요소에서 착안할 수 있다. 사업 제안 프레젠테이션을 기획할 때 내가 자주 사용했던 스토리 구성은 이미 사람들이 잘 알고 있는 내용이나 청중이 소속된 집단의 공통된 특성을 참고하는 방법이었다.

한 화장품 관련 기업에서 프레젠테이션을 할 때였다. 나는 스토리 전개 방식을 화장하는 과정에 빗대어 설명했다. 화장을 예쁘게 잘하려면 기초부터 탄탄하게 잘 바르고, 그다음 색조 화장을 하고 마지막으로 향수나 매력적인 포인트로 마무리해야 한다는 기본 순서가 있다. 이 순서에 맞춰 프레젠테이션 형식을 구성했다. 발표 내용 자체는 전혀 특별한 것이 없었지만 콘텐츠의 배치를 화장하는 과정과 똑같이 '기초(기본 인프라) → 발전(새로운 콘텐츠의 도입) → 마무리(부가 제안 및 서비스 등)'에 비유해서 처음부터 끝까지 스토리를 입혀 진행한 것이다.

관련된 모티브와 이미지도 곳곳에 활용했다. 일반적인 사업 제안에서 현황 분석에 해당하는 부분은 화장하기 전 먼저 거울을 통해 자기 모습을 들여다보고 진단을 하는 모습에 빗대어 표현했다. 거울을 통해 현재의 문제점과 개선점을 면밀하게 들여다보는 것이다.

이와 반대로 프레젠테이션의 주체가 되는 나와 관련된 소재를 활용해 스토리를 만들 수도 있다. 이 방법은 나 혹은 내가 속한 집단의 특징을 효과적으로 드러내고 내 주장도 더 강하게 펼칠 수 있다. 새로운 시스템을 도입하는 시기나 의사결정의 타이밍이 중요하다고 주장한다면, 간발의 차이로 주식 투자에서 크게 실패한 본인의 사례를 이야기할 수도 있다. 실제 사람들이 직접 겪은 이야기는 청중의 관심과 신뢰를 높이는 데 도움이 된다.

그러나 이처럼 직접적인 특징에 일대일로 빗대어 스토리를 구성하는 방법은 1차원적인 비유로, 그다지 자랑할 만한 것은 아니다. 실제 위의 예로 든 스토리는 내 프레젠테이션 내용 자체가 경쟁우위를 점하기가 힘들다고 판단한 상황이었다. 그나마 현장에서라도 청중의 관심을 높이고 집중시키기 위한 수단으로 사용한 것이다. 하지만 프레젠테이션을 한다고 했을 때 보통 떠오르는 고리타분한 구성에서 벗어나 변화를 시도해보고 싶다면 가장 쉽게 따라 해볼 수 있는 방법이다. 점차 익숙해진다면 단순 비유나 대입이 아닌 프레젠테이션 전체의 구성부터 각 의미 단락별로도 스토리를 입혀 메시지를 극대화할 수 있다.

도입부 혹은 새로운 정보나 메시지를 전달할 때 재미 요소를 적절히 활용하는 것도 방법이다. 적어도 지루한 프레젠테이션만큼은 피할 수 있다. 단 재미있고 관심을 불러일으키는 프레젠테이션을 구성한다고 해서 정말 재미만 있으면 안 된다. 잊지 말자. 시작은 재미에서 출발하지만 끝까지 가서 목적을 달성하려면 의미가 있어야 한다.

기획, 대체 어떻게 하는 건데?

'기획' 하면 떠오르는 단어는 무엇이 있을까? 광고 기획, 홍보 기획, 디자인 기획, 마케팅 기획, 전략 기획…. 기획은 새롭게 무언가를 만들어내는 일에 주로 붙기 때문에 무언가를 기획한다고 했을 때 우리는 '세상에 없던 새로운 것을 만드는(create)' 일이라는 실로 엄청난 생각을 하게 된다. 그것도 모자라 '기획'이라는 말을 뒤집어서 '획기적'이어야 한다는 굴레까지 씌운다. 하지만 그럴수록 기획하는 일은 부담스러워질 뿐이다. 그리고 실제로 기획은 그렇게 대단한 일도 아니다.

기획이라 쓰고 '계획'이라 읽자

먼저 기획이라는 말이 가진 무게를 좀 줄여보자. 개인적으로 나

말하기가 능력이 될 때

는 프레젠테이션에서는 '기획'보다는 '계획'이라는 말을 쓰고 싶다. 세상에 없던 것을 새롭게 창조하는 것이 아니라 철저한 계획이라는 의미다. 이 계획은 크게 두 단계로 나뉜다.

첫 단계에서는 주제에 대한 1차적인 이야기 내용과 방향을 분명하게 정리한다. 목적이 분명한 입사 면접 프레젠테이션이거나, RFP(request for proposal, 제안요청서)가 있는 경우라면 요구 조건에 맞춰 뼈대를 잡을 수 있으니 수월하다. 정해진 틀이 있는 경우가 아니더라도 내가 하고 싶은 말이 무엇인지 정리하고 전체를 아우르는 메시지를 결정하는 단계다.

한 예로 '유치원 어린이들의 하루'가 주제라고 해보자. 일과표대로 오전과 오후로 나눠 하루에 이뤄지는 주요 활동들을 다음과 같이 나열해볼 수 있다.

유치원 어린이들의 하루

구분	시간	교육 활동 및 내용
오전 활동 (교육 과정)	08:00~09:00	등원 및 놀이 계획
	09:00~09:20	인사 및 하루 일과 소개
	09:20~11:00	자유 놀이
	11:00~12:00	급식 및 양치
	12:00~13:00	산책 및 바깥 놀이
	13:00~13:10	안전교육
	13:10~13:30	평가 및 귀가 활동

방과 후 특성화 활동	13:30~14:00	방과 후 특성화 활동
오후 활동 (방과 후 과정)	14:00~15:00	자유 놀이 및 휴식
	15:00~15:30	대그룹 활동
	15:30~15:40	손 씻기 및 화장실 다녀오기
	15:40~16:00	간식
	16:00~16:50	자유 놀이
	16:50~17:00	정리 정돈, 평가 및 귀가
	17:00~17:50	자유 놀이
	17:50~19:00	개별 귀가

두 번째 단계는 우리가 생각하던 바로 그 기획을 할 차례다. 여기서 오해하지 말아야 한다. 기획은 '신박한' 아이디어를 내는 것이 아니다. 앞에서 정리한 내용으로 상대를 설득하기 위한 본격적인 전략을 짜는 단계다. 첫 번째 단계에서는 내가 하고 싶은 이야기를 내 입장에서 나열해놓았지만 이제는 남의 입장이 되어야 한다. 이야기를 듣는 대상이 누구인지에 따라 어떻게 커뮤니케이션할지 방법이 완전히 달라진다. 프레젠테이션은 나 혼자 떠드는 말하기가 아니라 내가 의도하는 방향으로 상대가 움직이도록 만드는 것이기 때문이다.

그러면 어린이들의 일과를 어떻게 전할지 기획해보자. 이 일과표대로 생활해야 할 어린이들에게 일과를 설명한다면 어떨까? 어린이들의 이해 수준과 집중도를 고려해서 그림으로 표현하는 게 좋겠다고 생각할 수 있다. 먼저 자료뿐 아니라 문장의 톤 앤드 매너도 달라야 한다. "우리 친구들, 우리 아침에는 밖에서 햇님도 보고 재밌는 놀이를 하고요. 점심에는 친구들이 좋아하는 돈가스를 먹을 거예요. 어때요, 좋아요?"

만일 청중이 학부모, 어린이집 교사, 교육정책 관계자 등으로 바뀐다면 이야기는 전혀 다르게 구성될 수 있다. 같은 일과표를 두고도 각 교과 운영별 교사의 역할에 대해 이야기할 수 있고, 아이들의 집중도나 시간대를 고려한 수업 시간 안배 등에 대해서도 말할 수 있다. 그렇다면 아이들에게 말할 때처럼 그림이 아니라 다른 자료를 활용해야 한다. 말하는 주제는 같지만 말하는 방법은 달라지는 것이다. 특정한 상대에게 말해야 하는 상황에서 가장 효율적인 커뮤니케이션 방향을 디자인하는 것이 프레젠테이션의 전략, 즉 기획이다.

따라서 기획을 잘하려면 1단계와 2단계 사이의 분석이 중요하다. 분석이 정확하면 반은 먹고 들어간다. 일단 논리적으로 말이 되는 이야기이기 때문이다. 적어도 상대가 '왜?'라는 의구심은 갖지 않는다. 하지만 여기에 그치면 안 된다. 중요한 것은 '문제(problem)'다. 좀 더 고차원적인 프레젠테이션 기획자가 되려면 문제를 해결하는 데 집중해야 한다.

상대방이 고민하는 문제를 해결하고 대안을 제시하려면 일단 문제가 무엇인지 정확히 알아야 한다. 창의력의 대가인 아인

슈타인도 문제를 정의하는 것이 문제 해결보다 훨씬 중요하다고 했다. 그런데 문제를 찾을 때 가장 어려운 점은 무엇이 진짜 문제인지 헷갈린다는 것이다.

그다지 특별히 문제가 있어 보이지 않거나, 너무 많아서 어떤 것이 진짜 문제인지 알 수 없을 때도 있다. 이때는 타깃, 환경, 진의(숨은 의도) 세 개 영역으로 나눠 생각해보자. 타깃과 환경은 상대와 상대를 둘러싼 주변에 대한 분석이다. 겉으로 드러나는 문제점들이 여기에 해당한다. 이때는 눈에 보이는 현상과 본질을 구분하는 것이 중요하다. 예를 들어 수치화된 어떤 데이터가 있다면 그저 그 자체로 '많다-적다', '증가-감소' 정도를 파악하는 것이 아니라 그 현상이 진짜 의미하는 게 무엇인지 한 번 더 고민하는 것이다.

특정 제품에 대한 구매가 감소하고 있다는 데이터를 활용하기로 했다면 감소의 원인이 그 제품 자체의 경쟁력이 없어서인지, 경쟁사의 신제품이 출시되어서인지, 계절성이나 외부 환경적 요인에 따른 일시적인 현상인지 구분해야 한다. 있는 그대로를 보고 단편적으로 해석하는 것은 제대로 된 분석이 아니다.

흔히 활용하는 조사 결과와 숫자에 현혹되는 것이 대표적인 오류다. 예를 들면 서울 시내 병원의 일일 내원객 수가 경상북도의 병원보다 많다고 해서 서울 사람들이 더 자주 아프다고 해석하면 안 되는 것처럼 말이다. '평균의 함정'도 마찬가지다. 키가 1.2미터인 사람과 2.2미터인 사람만 보고 우리나라 사람의 평균

키가 1.7미터라고 해석하는 것처럼 말이다. 현상에 대해 '왜?'라고 계속 질문을 던져야 진짜 의미를 찾을 수 있다.

진의는 겉으로 잘 드러나지 않는다. 그래서 정황과 행간에서 상대가 직접 말하지 않은 숨은 의도와 니즈를 추측해야 한다. 만약 사업에 대한 제안이라면 사전 미팅에서 담당자와 나눴던 대화 속에서도 유추해볼 수 있다. 일반적인 사업 제안에 관해 이야기하는 중에 담당자가 초조한 모습을 드러냈다거나, 이 프로젝트가 실패했을 경우 본인의 입지가 위태로워질 수 있다는 불안감을 보였다고 하자. 발표자는 기획 단계에서 그 불안감의 근원적인 이유를 제대로 이해해야 한다. 그리고 프레젠테이션에서는 성공할 수 있다는 강한 확신을 심어주거나, 잘되지 않았을 때도 위험을 최소화할 수 있는 안전장치나 대안을 제안할 수 있다.

사람들은 필요한 것이 아니라 사고 싶은 것을 산다

만일 문제가 없다면 어떻게 해야 할까? 이때는 없는 니즈를 새로 만들어줄 수도 있다. 한 예로 '공덕소'에 관해 전해 내려오는 이야기를 들 수 있다. 어느 날 한 기업의 영업사원들에게 빗을 팔아야 하는 과제가 주어졌다. 그런데 대상이 머리카락이 없는 스님이라면 어떻게 해야 할까? 머리를 빗는 것 외에 새로운 쓰임새를 제안해볼 수 있다. 머리가 아니라 키우는 강아지의 털을 빗을 수도 있고 혼자 등을 긁을 때도 유용하게 사용할 수 있다. 절을 찾아오는 사람들을 위해 미리 장만해두기를 권할 수도 있다.

그런데 어떤 사람이 똑똑하게 이 빗을 팔았다. "스님, 이 빗은 그냥 머리를 빗는 단순한 빗이 아닙니다. 공덕을 쌓는 빗, '공덕소'라는 것입니다"라며 빗에 '공덕소'라고 새긴 뒤 그 빗으로 절을 찾는 사람의 머리를 빗겨주고 기념으로 나눠 주라는 제안을 했다. 그는 스님에게 돈을 받지 않고 빗을 두고 갈 테니 한번 사용해보고, 이로써 절을 찾는 사람들이 더 늘어나지 않으면 돈을 받지 않겠다고 했다. 그 결과 절을 찾는 이가 크게 늘어나 더 많은 빗을 팔게 되었다고 한다.

이처럼 상대방도 미처 몰랐던 새로운 니즈를 만들어 심어줄 수 있다. 새로운 니즈를 발굴하기 위해서는 상대의 숨은 니즈를 먼저 이해해야 한다. 앞서 스님에게 빗을 판 사람이 공덕소라는 제안을 할 수 있었던 것은 절에 더 많은 사람이 찾아오길 바라는 스님의 마음을 꿰뚫어 본 결과다.

드러나는 현상을 비롯해 상대의 숨은 니즈와 새로운 니즈를 분석하고 이를 통해 결과를 도출한 뒤 대안을 제시하는 기획 과정은 사실 어느 상황에서나 비슷하다. 하지만 한 가지 유의할 점이 있다. 만약 10가지를 분석하고 10가지 결론을 도출해냈다고 해도 그 모든 것을 그대로 활용하는 건 아니라는 점이다. 진짜 중요한 것은 분석과 전략 도출 과정의 수행 여부가 아니라, 각 단계를 거치면서 덜 중요한 내용은 버리고 최종 프레젠테이션에서 중점적으로 전달해야 할 최종 메시지 하나가 무엇인지를 결정하는 것이다.

이 부장의 실전 말하기 꿀팁

무엇을 볼 것인가 vs 어떻게 볼 것인가

프레젠테이션에서 콘셉트 기획은 후자의 영역이다. 미국 뉴욕시의 길거리 쓰레기 문제를 해결한 아이디어인 'GARBAGE of New York City'를 살펴보자. 말 그대로 '뉴욕 쓰레기'를 뜻한다. 2000년대 초반부터 저스틴 지냑이라는 아티스트가 시작한 이 뉴욕 쓰레기는 작은 아크릴 상자에 담배꽁초, 유리 조각, 먹고 버린 컵 등을 담은 것이다. 해외 각국에서 이 쓰레기를 구입하려고 대기하는 사람들도 이어졌다. 개당 가격이 우리 돈 5~10만 원 선으로 적은 돈도 아니었는데 말이다.

지냑은 다양한 예술, 문화, 가치들을 경험할 수 있는 뉴욕이라는 도시의 특성을 활용해 쓰레기를 새로운 가치를 담은 문화상품으로 탄생시켰다. 쓰레기라는 물건 혹은 길가에 넘쳐나는 쓰레기를 줄여야 한다는 관념에만 매몰되었다면 절대 나올 수 없는 생각이다. 프레젠테이션 기획도 그와 같다. 재료를 찾지 말고 재료를 신선하게 보는 눈을 길러야 좋은 콘셉트를 찾을 수 있다.

콘셉트는 튀거나 기발한 것이 아니다

조금 과격한 주장으로 들릴지 모르지만, 한국의 프레젠테이션 혹은 프레젠테이션 발표가 다소 이상한 풍경이 된 건 한국인의 탁월한 컴퓨터 활용 능력 때문이라고 생각한다. 한마디로 너무 잘해서 문제인 경우다.

내가 대학에 다니던 시절, 한국의 프레젠테이션 수준은 기술적 측면에서 가히 춘추전국시대라고 해도 과언이 아니었다. 화면 어디선가 이미지가 휙 날아오고, 이미지의 등장에 걸맞은 사운드가 옵션으로 따라붙는가 하면, 그 모든 요소가 사라질 때조차 영화 뺨치게 페이드아웃이 되기까지 했다. 당시에는 프레젠테이션 경연 같은 행사도 많았는데 스크린을 보고 있자면 눈이 휘둥그레질 정도였다. '프레젠테이션을 잘하는 사람'의 덕목에 컴퓨터 프로그램 활용 능력이 빠지지 않는 건 바로 이 같은 영향도 있을 것이다.

이런 프레젠테이션 판도를 한방에 흔들어놓은 이가 있었으니 바로 스티브 잡스다. 말하지 않아도 많은 이가 알고 있을 것이다. 그의 프레젠테이션에는 어떤 화려함이나 프로그램 기술도 없다. 물론 잡스의 발표가 먼저냐, 그와 애플이 만들어낸 기술이 먼저냐를 따질 수 있겠지만 이 점은 잠시 미뤄두자.

그의 등장 이후 발표 풍경에 큰 변화가 생겼다. 물론 따라 한다고 누구나 잡스가 될 수 있었던 건 아니지만 말이다. 어쨌든 제작 기술 중심의 발표 분위기에 균열을 냈다는 점에서는 큰 의의를 두고 싶다. 그로 인해 프레젠테이션에 대한 부담이 실제로 줄어들었는지는 모르겠지만 말이다.

콘셉트는 '특이한 것'이 아니다

잡스의 등장을 기점으로 프레젠테이션에서 스토리텔링, 콘셉트의 주가가 오르기 시작했다. 검은색 파워포인트 화면에 사진 한 장, 단어 하나, 명언 한 줄을 띄워놓은 채 스크린 앞을 오가며 잡스를 똑같이 흉내 내는 사람들도 있었다. 그러나 우리는 모두 그와 똑같은 발표자가 될 수 없고, 모든 프레젠테이션이 꼭 그렇게 기발할 필요는 없다. '참신하다'는 '잘한다'의 동의어가 아니다. 그런데 왜 우리는 그토록 콘셉트에 집착하는 걸까?

콘셉트라는 단어는 책의 처음에서 얘기했던 프레젠테이션이라는 말만큼이나 위험하다. 자주 쓰는 단어라 잘 안다고 생각하지만 우리의 생각과 사전적 정의는 조금 다르다. 사전에서는 콘셉트(concept)를 '개념'이라는 뜻으로 정의하며, 개념은 다시 '일반적인 지식이나 생각, 관념' 등으로 풀이된다.

[Concept]

A concept is an idea or abstract principle.

우리가 프레젠테이션에서 말하는 콘셉트의 정의는 '아이디어(idea)'다. 아이디어 역시 기발하고 특출한 생각이라는 오해를 사는 단어이긴 하지만 순수하게 말 그대로 '생각'이라는 의미로 보자. 'What's your idea?'라는 말은 '뭐 좋은 아이디어 없어?'가 아니라 '넌 어떻게 생각해?'에 가깝다. 그런데 그 생각들을 머릿속에 있는 그대로 뱉어내면 매력이 없다. 별로 들어보고 싶지 않은 생각이 된다.

그래서 두 번째 정의인 'abstract'를 적용한다. 한번 들어보고 싶게끔 추상적이고 관념적인 무언가에 빗대어 생각을 매력적으로 포장하는 일이다. 한다. 그런데 여기서 아이디어(idea)라는 본래 알맹이를 빠뜨리고 포장에 치중하면 상대방에게 그저 과대포장한 쓰레기를 주는 셈이 된다. 앞에서 얘기한 '재미있는 프레젠테이션'이라는 뜻을 잘못 해석하는 경우다. 똑같은 이야기도 어쩜 그리 실감 나고 재미있게 풀어내는 사람이 있는가 하면, 세상 재미없게 말하는 사람도 있다. 무미건조한 생각을 들어보고 싶은 이야기로 재탄생시키는 것이 콘셉트다. 콘셉트가 되느냐 '콘셉트충'이 되느냐는 한 끗 차이다.

프레젠테이션을 망치는 잘못된 콘셉트의 예

콘셉트에 집착한 나머지 목적을 잃는 경우는 흔히 세 가지로 나타난다. 그림, 영상, 문장 중 특정한 한 가지에 매몰되는 것인데, 이런 요소는 흡사 독을 지닌 예쁜 꽃과도 같다. 겉으로 보기에는 멋있고 화려해 보이지만 그만 손을 뻗어 가져오면 자신에게는 해롭기만 할 뿐이다.

텍스트충

명언, 사자성어, 한자, 영어 단어 조합, 줄임말에 집착하는 텍스트충은 특히 어렵고 멋있어 보이는 말을 좋아한다. 그러나 그 말들은 이미 우리가 알고 있는 말들이 대부분이다.

- 危機, 위기는 곧 기회다
- 삼고초려
- Basic, 기본에 충실하자
- T.O.P를 담은 제안

말하고자 하는 중심 메시지와의 관련성은 크지만 포장 자체가 매력적이지 않다. 청중은 '아, 또 뻔한 소리 하는구나!' 하고 별 흥미나 관심을 느끼지 못한다. 콘셉트가 사족이 된다면 없느니만 못하다.

'危機, 위기는 곧 기회다'라는 명언을 활용하는 길을 택했다면 다시 한번 생각해보자. 애초에 하려던 말이 정확히 무엇이었는가? 위기를 돌파하기 위한 기회, 변화가 주제였다면 한 단계 더 깊이 고민해야 한다. 구성원들에게 조직이 당면한 위기의 심각성을 체감시키기 위함인가, 변화의 방법을 인지시키기 위함인가? 위기의식을 높이기 위한 것이라면 다시 파고들어야 한다. 변화하지 않고 머물렀을 때 큰 위기를 맞이한 다른 기업의 사례를 들 것인가? 아니면 구성원 중 한 명으로서 진정성 있는 호소의 목소리를 전할 것인가?

만약 심각한 위기 상황을 강조하고 공감을 끌어내는 방향으로 정했다면 이런 기획을 했을 것이다.

> "다른 거창한 말은 잘 모르겠습니다. 다만 한 가지 분명한 건 지금은 위기입니다. 과거에도 이런 적은 없었습니다. 미래에도 있을지, 아니 미래 자체가 아예 없을지도 모르겠습니다."
>
> (아무것도 없는 검은색 슬라이드 화면을 준비하고 뒤를 손가락으로 가리키며)

"지금 아무것도 하지 않으면 당장 5년 뒤에는 제 뒤의 화면
처럼 아무것도 없습니다. 그렇게 되지 않도록 지금부터 여
기에 하나씩 채워보겠습니다."

(밝은 화면으로 전환)

미디어충

이미지나 영상에 집착하는 경우다. 멋있는 말과 화려한 이미지,
영상 소스를 활용해 마치 한편의 광고처럼 영상미를 뽐낸다. 혹
은 유명하고 인기 있는 드라마, 영화의 주인공이나 전개 방식을
그대로 따오기도 한다.

대표적으로 한참 화제가 되는 미디어의 방식을 차용하는 것이
있다. 예를 들면 게임회사에 관한 드라마가 인기 있다고 해서 게
임의 캐릭터와 게임 화면을 프레젠테이션에 그대로 입힌다든가,
잘 알려진 광고의 인트로나 광고 문구만 따와서 이름만 바꾼다.
하지만 딱 거기까지다. 멋있고 특이한 것에서 끝난다. 원래 전하
려고 했던 생각으로 연결하는 데는 실패한다.

사진이나 영상 표현의 퀄리티는 의심할 여지 없이 매우 훌륭
하기에 발표자 자신은 매우 흡족할 수 있다. 그러나 정작 듣는
사람은 의아하다. '그런데 저건 왜…?'

앞서 예로 들었던 '위기의식과 행동 변화'라는 주제로 미디어
콘텐츠를 활용한다면 다음과 같이 기획할 수 있을 것이다.

(TV 프로그램〈인생극장〉BGM) "그래, 결심했어!"

(갈림길에서 주인공이 다른 표정으로 각기 다른 두 개의 선택을 하는 화면이 등장)

"한 20년 전쯤인가요. 꽤 인기 있었던 프로그램인데 다들 아시죠? 순간의 선택으로 전혀 다른 인생을 살게 되는 남자의 이야기를 담은 〈인생극장〉입니다. 지금 우리가 마치 이 〈인생극장〉의 주인공이 아닌가 싶습니다. 지금의 선택에 따라 50 대 50의 확률로 우리가 어떤 길을 걷게 될지 볼까요?"

미디어든 텍스트든 무언가를 차용할 때는 눈에 보이는 것만 따오면 안 된다. 발상과 표현의 기발함만 가져올 것이 아니라 내가 주장하는 내용과 얼마나 연관성이 있는지, 그것이 내 발표의 설득력을 높일 수 있는지를 따져봐야 한다.

퍼포먼스충

흔하진 않지만 톡톡 튀는 것을 지향하는 퍼포먼스충도 있다. 독특한 외양과 퍼포먼스로 유명한 남성 그룹 노라조를 생각해보자. 노라조는 굉장히 성공한 콘셉트 그룹이다. 곡의 주제와 가사 내용과 통일된 옷과 머리, 춤과 표정부터 관객들에게 즐거움과 재미를 준다는 그룹의 콘셉트까지, 모든 것이 완벽하기에 이 그룹을 모르는 사람은 별로 없다.

하지만 퍼포먼스충은 여기서 딱 하나만 한다. 특이한 옷만 입거나, 춤만 추거나, 노래만 부르거나. 극단적으로는 울기도 한다. 물론 프레젠테이션에서 무엇이든 할 수 있지만 그저 잠깐 특이했다는 기억으로 남을 뿐이라면 해야 할 이유가 없다. 만약 노래를 부른다면 '아, 그 노래 불렀던 사람?'으로 인상에 남을 수는 있다. 그러나 여기서 끝날 게 아니라 그날 전달하려 했던 메시지가 노래를 통해 강렬하게 기억되고 선명하게 되살아나야 좋은 콘셉트가 된다.

요즈음 많이 쓰는 '~충'으로 표현해 부정적인 의미를 담은 만큼 위의 사례들은 콘셉트를 기획할 때 반드시 지양해야 할 태도다. 콘셉트는 겉멋이 아니다. 그리고 콘셉트, 크리에이티브(creative)를 담는다고 할 때 이는 엄밀히 말하면 창조의 영역이 아니다. 이전까지는 한 번도 서로 연결된 적이 없었던 서로 다른 개념과 개념 사이에 새로운 의미를 부여해 연결하는 일이다.

프레젠테이션은 그 자체로 이슈가 되는 게 목적이 아니라 상대방의 니즈를 채워주고 문제를 해결하는 것이 진짜 목적이라는 걸 잊지 말아야 한다. 멋을 내는 것과 멋있는 건 다르다. 진짜 멋있으려면 멋을 부리지 말아야 한다.

프레젠테이션을 준비할 때
버려야 할 세 가지

프레젠테이션을 준비할 때 빠지기 쉬운 착각이 몇 가지 있다. '이 정도 했으면 뭐라도 하나 먹히겠지', '이건 멋있게 보일 수 있으니까 꼭 한번 써먹어 봐야지' 같은 생각이다. 모두 자기중심적이고 안이한 생각이다. 그 결과 프레젠테이션을 준비하는 상당시간을 전체 분량의 고작 5퍼센트도 되지 않는 오프닝과 클로징에 쏟아붓는 기이한 모습이 펼쳐지기도 한다.

쉽게 준비한 것은 쉽게 잊힌다

'이 중에 하나만 얻어걸려라!'

'이 얘기도 하고 싶고 저 얘기도 버릴 수 없고, 뭘 좋아할지 몰라서 다 준비했어'라는 전략은 차라리 없는 게 낫다. 욕심내어 내용을 꽉꽉 욱여넣다 보면 무겁고 방대해진다. 그 무게를 견디지 못해 결국 누구의 눈에도 띄지 못한 채 가라앉고 만다.

프레젠테이션 안에 담기는 내용은 주제의 카테고리와 그 가짓수, 각 주제를 채우는 하부 요소들까지 포함해 최대한 가볍고 단순해야 한다. 말은 많아질수록 구구절절하게 늘어지고 구차해질 뿐이다. 무엇을 더 담을까보다 무엇을 덜어낼지 고민해야 한다. 몇 개 중에 하나만 얻어걸리라는 건 순전히 운에 기대겠다는 심보다. 아무리 좋다는 숫자도 여섯 개 이상 표시하면 로또에 당첨되기는커녕 무효가 되는 것처럼 말이다.

'오, 이건 진짜 멋있는데!'

산에서 예쁘고 화려한 풀이나 버섯은 대부분 독이 있거나 사람에게 위험한 것들이 많다고 한다. 프레젠테이션에서 꼭 쓰고 싶은 충동이 솟구쳐 오르는 멋진 말이나 스토리, 이미지들도 그처럼 위험하다.

내가 보기에는 멋있는 이야기일수록 더욱 역효과를 불러일으킨다. 앞서 콘셉트에 과도하게 집착하다 범할 수 있는 우를 설명했는데, 내가 전하려 했던 핵심적인 메시지가 부각되지 못하고 화려한 껍데기만 보이면 본래의 의도가 묻히고 만다. 절대 놓칠 수 없는 화려한 스토리들은 대부분 원래 의도한 이야기와 큰 관련이 없다. 애초에 그 자체가 멋있어서 내 발표에 끌어다 쓰고 싶은 욕심에 억지로 연결되어 있을 뿐이다.

애플의 신제품 발표에 사용된 블랙·화이트 컬러와 텍스트로만 이뤄진 단순한 구성이 과연 내 발표 슬라이드에 써도 똑같이 멋있을까? 광고에 나온 세련된 BGM과 문구가 내 발표에서도 같은 효과가 날까?

우리가 멋있다고 느낀 결과물들은 만들어지기까지의 스토리 개발과 분석이 뒷받침되었기 때문이다. 그들 또한 자신들의 메시지 하나를 돋보이게 해줄 최고의 방법을 찾은 것이다. 그 자리에서 썼을 때 멋있는 것이지, 결과물 중 일부만 떼어서 '복붙'한다고 해서 될 일이 아니다. 그래도 정말 포기할 수 없을 정도로 멋진 아이디어나 소재가 있다면 가져다 쓰더라도 똑똑하게 활용해야 한다. 최종적으로 겉으로 드러난 결과 자체만이 아니라 어떤 배경과 의도에서 나온 기획의 결과물인지 분석하고 내 것으로 재탄생시키는 수고가 필요하다.

오프닝과 클로징에 집착하기

앞서 강조했듯이 프레젠테이션 자료를 만들 때 가장 하지 말아야 할 것은 첫 장에 넣을 이미지를 검색하는 것이다. 그리고 내용을 구성할 때는 콘셉트에 대한 강박을 버려야 한다. 콘셉트에 대해서는 지겹도록 계속 얘기하는데, 그만큼 중요해서다. 실제로 이렇게 하다 망친 프레젠테이션을 숱하게 봐왔다. 또 한 가지, 절대로 하지 말아야 할 것은 오프닝과 클로징에 대한 집착이다.

오프닝과 클로징에 과도하게 몰입하면 프레젠테이션 자체가 우스꽝스러워질 수 있다. 본론의 중심 메시지와 맞지 않는데도 억지로 앞뒤에 끼워 넣은 것처럼 보이는 경우가 부지기수다. 마치 옷을 입을 때 어울리지도 않는 아이템을 매치한 것처럼 말이다. 바짝 힘을 준 발표 앞뒤의 멘트들은 대부분 실제 프레젠테이션에서 전하려는 메시지보다 훨씬 과도한 스케일의 것들이 많다. 잔뜩 기대감만 높여놓고 정작 중요한 이야기에선 바람 빠진 풍선이 되어버리거나, 시종일관 잔잔하다가 갑자기 끝날 시점이 되어서야 뜬금없이 클라이맥스로 쾅 치닫는 모양새다. 막판에 멋을 내느라 사족을 덕지덕지 붙이는 일도 다반사다.

일반적으로 오프닝은 시작 전에 청중의 흥미와 관심을 유도하고 집중시킬 수 있어서 중요하다고 한다. 잘 준비한 오프닝 스토리가 주는 긍정적인 효과가 있는 것은 분명하다. 문제는 어떻게 하느냐다. 오프닝이 차지하는 시간은 몇 분이나 될까? 아무리 길어도 1분을 넘지 않고 대개는 30초 이내로 끝난다. 과연 그 시간 안에 사람들을 사로잡을 만큼 얼마나 대단한 말을 할 수 있을까?

오프닝과 클로징 스토리의 본질은 임팩트가 아니다. 앞이건 뒤에서건 메인에 등장할 프레젠테이션의 핵심 메시지를 빛나게 만들어주는 게 오프닝과 클로징의 역할이다. 이 부분이 더 밝게 빛나서도 안 될뿐더러 무조건 꼭 있어야 하는 것도 아니다. 막말로, 첫 소개말 때문에 그 프레젠테이션이 선정되는 경우가 있을까? 없다.

오프닝과 클로징의 기본 원칙은 '쉬울 것' 그리고 '단순할 것'

이다. 처음부터 본론과 관련되어 스토리를 짜내기는 쉽지 않으므로 프레젠테이션을 하는 상황과 관련한 내용에서 착안하는 것이 좋다. 예를 들면 나와 다른 발표자들의 프레젠테이션 내용이 모두 비슷한 맥락이거나 발표자들이 너무 많은 경우 청중은 프레젠테이션에 별 관심이 없고 쉽게 지루해진다. 이럴 때 내가 첫 번째 순서라면 "제가 오늘 첫 번째로 발표를 하네요. 순서만 첫 번째가 아니라 오늘 프레젠테이션에서 1등이 되길 바라면서 발표 시작하겠습니다"라고 가볍게 환기만 하고 바로 본론으로 넘어가도 좋다.

이 정도 수준의 가벼운 오프닝은 프레젠테이션이 진행되는 현장 주변에 있는 것들을 활용해서 만들 수 있다. 발표 장소에 오기 전에 봤던 벽에 붙은 포스터의 문구, 청중 누군가의 특이한 행동, 행사장에 놓여 있던 소품 등을 기억했다가 오프닝에서 언급하는 것이다. 청중에서 눈에 띄는 한 명을 지목해 친근감을 드러낼 수도 있다. 전통적인 아이스 브레이킹에 쓰였던 날씨와 최신 가십거리 등은 이제는 너무 구식이 되었다. 준비하지 않은 듯한 센스와 재치가 부담스럽지 않은 오프닝을 만들어준다.

그다음은 처음-중간-끝까지 시종일관 같은 메시지를 반복하는 것이다. 확실한 메시지가 있거나 독보적인 강점에 주력해서 발표하는 경우는 핵심 메시지를 계속 드러내서 듣는 이의 머릿속에 각인시켜야 한다. 가령 독보적인 기술이나 서비스가 핵심 메시지라면 다음처럼 구성하는 것이다.

- 오프닝: '독점', '최초', '유일' 등을 입증하는 기사나 보고서를 활용해, '이것은 나만이 할 수 있다'고 강조
- 본론: 제공할 수 있는 기술 및 서비스의 상세 설명과 효과
- 클로징: 내 프레젠테이션이 아닌 다른 것을 선택했을 때의 위험성을 강조함으로써, '내가 아니면 안 된다'는 걸 암시

마지막 팁은 발표하는 나 자신 혹은 내가 대표하는 집단의 의지를 표명하라는 것이다. 듣는 상대가 내게 얼마나 중요하며 이 일이 얼마나 크고 의미 있는 일인지를 보여준다. 근거 없는 의지나 증명할 수 없는 열정으로 '꼭', '반드시'를 남발하거나 애처롭게 매달리는 것이 아니다. 무엇에 대한 의지의 표현인지 하고 싶은 말과 직접적으로 연관되어야 한다. 1차원적인 감정에 호소할 때조차도 그냥 울고불고하는 게 아니라 왜 무엇 때문에 이렇게까지 애절한지가 전달되어야 한다.

위에서 말한 오프닝과 클로징 팁들의 공통점은 모두 의도와 쓰임새가 분명하다는 것이다. 왜 이 말을 하는지 목적만 분명하다면 무엇을 하는지는 중요하지 않다. 오프닝과 클로징은 그 자체만 떼어놓는 따로국밥이 아니라 전체적인 맛에 조화롭게 어울리는 양념 같은 역할임을 잊지 않도록 하자.

제발, 원고는 쓰지 말아라

우리가 꿈꾸는 완벽한 말하기의 모습은 대부분 TV 뉴스 속 앵커의 모습에 가깝다. 방송국의 뉴스 촬영 현장에는 있고 우리에겐 없는 것이 무엇일까? 바로 카메라와 대본이다.

만약 우리에게 대본이 주어진다면 토씨 하나 틀리지 않고 읽어 내려갈 수 있을까? 그러나 우리는 아나운서가 아니다. 그렇다면 훈련해서 100퍼센트에 가까운 리딩을 구사한다면 내 말의 설득력도 100점이 될까? 아나운서처럼 말한다는 칭찬은 받을 수 있을지 모르겠다. 하지만 "어쩜, 저렇게 사람이 정이 없어?"라며 오히려 미움을 살 수도 있다.

프레젠테이션은 현장의 말하기다. 사람들은 내가 단어 하나를 틀렸다거나 발음이 뭉개졌다고 해서 그것만으로 내 발표를 평가하지 않는다. 사람들은 나의 손짓, 표정, 목소리에 더 많은 영향을 받고 교감한다. 카메라라는 매체를 거쳐 전해지는 것이 아닌 즉석 쌍방향 커뮤니케이션이다.

현장의 커뮤니케이션은 마치 날씨처럼 언제든지 바뀔 수 있다. 발표하는 도중에도 청중의 반응이 달라질 수 있고, 지쳐서 조는 사람이 많아질 수도 있고, 갑작스러운 질문이 치고 들어오거나 화면이 꺼지는 등 돌발 상황도 생긴다. 그때도 변함없이 원고를 보고 외운 문장을 읊으며 '마이 웨이(my way)'를 걸어야 할까?

언제 어디서나 프레젠테이션은
계속되어야 한다

정말 극단적인 사례지만 발표 자료를 띄울 빔 프로젝트가 아예 연결되지 않았던 적이 있었다. 이 시스템 오류 때문에 시작 시간이 예정보다 30분가량 늦어졌다. 더는 손쓸 방법도 없었다. 내가 손에 쥔 건 일주일 동안 애써 준비한 발표 자료가 아니라 이미 평가자에게 제출한 빽빽한 제안서였다. 그마저도 몇 달 전에 제출해 정확히 기억이 나지 않을 뿐 아니라 무려 100장이 넘는 페이지에 글씨는 작아서 잘 보이지 않을 정도였다.

이런 상황이 벌어진 게 내 잘못은 아니니 다음에 다시 하자고 할까? 말도 안 되는 소리다. 어쨌든 발표는 해야 했다. 준비했던 프레젠테이션과 똑같이 진행할 수는 없었다. 필요 없는 슬라이드는 빠르게 넘겨버리고 원래 전달하려 했던 내용에 해당하는 제안서의 페이지가 나왔을 때 충분히 여유를 두고 설명했다. 물론 전체적인 흐름이 매끄럽게 이어지지는 않았지만 적어도 이야기하고 싶었던 메시지를 전달하지 못한 것은 아니었다.

이것이 원고를 쓰지 말아야 한다고 계속해서 주장하는 이유다. 다소 의아하게 들릴 수 있다는 건 나도 안다. 하지만 프레젠테이션 원고를 쓰고 외우게 되면 이런 상황에서는 발표 자체를 아예 진행할 수 없다. 계획과 조금만 달라져도 전체가 도미노처럼 무너져버리기 때문이다.

모든 것이 무위로 돌아가는 최악의 상황까지는 아니더라도 발표 도중에 컴퓨터 전원이 갑자기 꺼진다든지, 청중이 갑자기 끼어들어 질문해서 발표의 흐름을 끊는다든지 하는 일은 언제나 일어날 수 있다. 보통 이럴 때 나는 상황이 정리될 때까지 짧은 Q&A 시간을 진행하거나 간략하게 답변하고 자연스럽게 본래 내용으로 돌아가기도 한다.

> "발표 중에 이렇게 화면이 꺼져버린 건 처음이라 오늘을 잊지 못할 것 같아요. 여러분도 '아, 오늘 그 회사!' 하면서 저희 꼭 기억해주세요."
>
> "좋은 질문 주셨습니다. 마침 저도 그 얘기를 하고 싶었는데 너무 아끼느라 뒤쪽에 숨겨놨거든요. 조금만 더 기다려주시면 바로 설명해드릴게요!"

조금 더 여유가 생기면 티 나게 당황하지 않고 금방 본래 자리로 돌아올 수 있다. 재치가 있어서가 아니다. 기억력이 너무 좋아서 어디서부터 다시 이어가야 하는지 빨리 알아챈 것도 아니다. 내가 나의 이야기를 할 때는 누가 잠시 맥을 끊어도 "그래서 아까 내가 하던 얘기 말이야" 하면서 계속 이어갈 수 있다. 바로 내가 전체 이야기를 설계했고 지금 어디쯤 왔는지, 앞으로 얼마나 남았는지 알고 있기 때문이다. 유튜브 동영상을 볼 때도 잘 알거나 내가 직접 만든 것이라면 보고 싶은 장면으로 돌려보기, 건너뛰기를 하면서 헤매지 않고 금방 원하는 장면을 찾을 수 있는 것처럼 말이다.

원고는 당신의 눈을 가린다

만약 원고에만 의지했다면 이런 예측하지 못한 상황에 당황해서 허둥지둥할 수밖에 없다. 원고는 프레젠테이션의 숲을 보지 못하게 눈을 가린다.

예를 들어 '동물의 세계'를 주제로 발표한다고 하자. 많은 경우 처음부터 마지막까지 완벽한 문장을 원고로 쓴 다음 달달 외우기 모드에 들어간다. 최소 A4 용지 2~3장 이상은 넘을 테니 처음부터 끝까지 무작정 외우기는 힘들다. 그래서 머릿속으로 몇 개의 지점을 정해놓고 외우게 된다. 1번 이야기 다음에는 1-1,

1-2, 그 사람 다음은 2번, 3번, 이런 식이다. 이런 방식으로 원고를 외울 때 머릿속에서 일어나는 사고 과정을 대략 말로 표현해 보면 이렇다.

'"강아지는 사람과 가장 가까운 반려동물입니다"라는 문장이 끝나면 그다음에는 고양이에 관한 얘기로 넘어가야 해. 첫 문장은 "고양이와 강아지는 서로 다른 점이 있습니다"라는 말로 시작되지. 여기까지 설명이 끝나면 다음은 호랑이에 대한 설명으로 넘어갈 차례야!'

이것이 통째로 원고를 외우는 대표적인 방식이다. 이 경우 예상치 못한 변수가 생기거나 어느 한 군데서 삐끗하면 끝이다. 사실 원고를 적으면서 정리하거나 꼭 외워야 할 것은 전체 문장이 아니라 이런 내용이다.

1. 본론 중 '반려동물' 파트에서는 강아지, 고양이의 사례를 들어 인간과의 교류를 설명한다
2. 반려동물과 정반대되는 '야생동물' 파트에서는 자연에서 비롯된 습성을 호랑이를 통해 보여준다

고양이 얘기가 강아지보다 먼저 나온다고 해서 문제 될 게 있을까? 갑자기 발표 자료의 순서가 뒤바뀌어 야생동물 파트를 반

려동물 파트보다 먼저 얘기하지 못할 이유가 있을까? 원고를 쓰지 말라고 다소 과격하게 주장한 건 바로 이 때문이다. 한 번도 프레젠테이션을 해본 적이 없다면 처음에는 원고를 써서 어느 정도 숙지하는 것이 도움이 될 수 있다. 하지만 인생에서 발표를 한 번만 하고 말 게 아니라면 당장 원고부터 버려야 한다.

이 부장의 실전 말하기 꿀팁

그래도 원고가 필요한 당신을 위한 간단한 원고 작성법

1. 한 장의 표로 만들기

전체 발표 내용을 의미 단락별로 도식화한다. 구조를 통째로 그린 뒤 각 단계에 해당하는 내용을 중심으로 간략한 메모를 작성한다.

2. 메모를 작성할 때는 종결어미 빼기

일명 '공무원 문서'에서 자주 쓰는 개조식 문장이다. '~습니다'라는 어미를 모두 잘라내는 것이다. 주어와 술어를 중심으로 최대한 짧고 간결하게 써서 정리하다 보면 꼭 기억해야 할 키워드만 발라낼 수 있다. 핵심 키워드만 잊지 않으면 전체 문장을 외우지 않아도 얼마든지 내용을 전달할 수 있다.

앞서 '동물의 세계'를 주제로 한 발표를 예로 들어 다시 정리해보면 다음과 같다.

주제: 다양한 동물들의 특징

1. 반려동물: 사람과의 교류, 친밀함
- 강아지 – 사람과 가장 친밀(예: 반려견 인구 비중), 인간과 ○○년부터 함께한 역사
- 고양이
2. 야생동물: 자연의 습성을 간직, 생존 본능(예: 최근 뉴스)
- 호랑이 – 육식동물로 사냥 습성이 있어 사람을 공격한 사례 제시

(중략)

그러나 이런 원고 역시 연습용 자료일 뿐 너무 집착해서는 안 된다. 원고나 메모는 구조와 흐름을 기억하기 위한 수단이지 그 자체를 외우는 것이 목적이 되어서는 안 된다.

해본 말이 많아야
할 수 있는 말도 많은 법

중고등학교 시절, 영어 단어장에 수많은 동그라미를 그리고 따라 쓰기를 해가며 단어를 달달 외워본 경험이 한 번쯤은 있을 것이다. 그렇게 단어장과 오랜 시간을 함께 보냈는데 도대체 왜 우리는 영어로 말하기가 그토록 어려운 걸까?

그 이유는 입 밖으로 그 단어를 뱉어본 적이 없기 때문이다. 단순히 소리 내어 발음해봤다는 의미가 아니라 실제 상황에서 제대로 써본 적이 없다는 것이다. 내가 들어서 무슨 말인지 아는 것과 자유자재로 말할 수 있는 것은 분명 다르다.

특히 우리말은 결론적으로는 같은 의미이지만 아주 미묘한 뉘앙스의 차이를 지닌 유의어, 유사어들이 굉장히 풍부하다. 가장 흔한 예로 알려진 색깔에 대한 표현만 봐도 그렇다. 노란색을 의미하는 옐로우(yellow)는 우리말에서는 노랗다, 누렇다, 노르스름하다, 누리끼리하다, 샛노랗다 등 수많은 단어로 표현된다.

이런 형용사뿐만 아니라 어구 또한 마찬가지다. 내가 자주 쓰는 말 중에 '사맞디 아니하다'라는 표현이 있다. 문학 교과서에 나와서 무슨 뜻인지 알고는 있지만 실제 현대어에서는 잘 쓰이는 표현이 아니다. 그래서 어떤 경우에는 웃음 코드가 되기도 하고 굉장히 생경하면서도 신선하게 들리는 때도 있다.

이 말은 바꿔 말하면 맞지 않는다, 어울리지 않는다, 합당하지 않다, 일치하지 않는다, 조화롭지 않다, 맞아떨어지지 않는다 등 문맥에 따라 다르게 사용할 수 있다. 사맞디 아니한 것의 대상이 '말(言)'이라고 한다면 말이 안 된다, 앞뒤가 안 맞는다고도 할 수 있고 조금 더 있어 보이게 '어불성설'이라고도 할 수 있다.

수많은 단어와 관용어, 사자성어, 표현이 내 머릿속에만 있어서는 안 된다. 진짜 내 입으로 말해본 적 있는 진짜 나의 말이어야만 주저하지 않고 술술 나올 수 있다.

두둑한 어휘는 말하기의 큰 밑천이다

그런데 프레젠테이션에서 이게 왜 중요할까? 프레젠테이션의 문장을 뜯어 분석해보면 구조는 생각보다 단순하다. 프레젠테이션을 채우는 내용은 소재에 따라 얼마든지 다양하고 풍성하게 구성할 수 있다. 하지만 프레젠테이션과 같은 말하기의 목적은 대부분 '주장+권유나 설득' 두 가지로 정리된다. 한마디로 '나는 이렇다, 너도 이렇게 하지 않겠니?'라는 구조다.

그렇다 보니 어휘가 풍부하지 않으면 '~입니다', '~했습니다', '~하겠습니다', '~하고 싶습니다', '~할 것 같습니다' 같은 서술어로 돌려막기만 하게 된다. 이 얼마나 지루하고 듣고 싶지 않은 발표인가. 더군다나 상대방을 설득하기도 전에 발표하는 나부터도 너무나 힘이 빠지는 문장이다.

> 단조로운 문장
> • A 사의 주력 상품인 B 제품은 고객님의 사용 환경에는 적용하기 어려워 보입니다.
>
> 어휘를 다양하게 사용한 문장
> • 만약 B를 쓰신다면 여러분이 계신 곳과는, 한마디로 전혀 사맞디 아니한 거죠!

프레젠테이션이나 공식적인 말하기 자리에서 미리 준비하지 않으면 말을 떼기 어렵거나 매번 비슷한 레퍼토리가 반복되는 것 같다면 이는 언변의 문제가 아니다. 내가 편안하고 익숙하게 사용할 수 있는 단어장의 예문이 풍성하지 못한 탓이다.

글쓰기와 말하기 강의로 유명한 강원국 작가 역시 어휘의 중요성을 강조했다. 어휘가 다채로워야 말도 유창하게 할 수 있다는 것이다. 실제로 그는 2007년 2차 남북정상회담을 맞아 대통

령을 수행해 평양을 가기 전, '말하다'의 유의어 30여 개를 미리 준비해 갔다고 한다. 그곳에서는 포털 사이트를 열어볼 수 없는데 연설문에서 가장 많이 쓰일 단어가 '말하다'이기 때문이다. 같은 '말하다'의 뜻이라도 '강조했다', '피력했다', '언급했다', '설명했다' 등으로 다양하게 표현할 수 있다.

평소에 쓰는 문장 패턴이 몇 가지로 단조롭다고 생각된다면 다른 사람의 표현을 따라 써보거나, 자주 쓰지만 명확한 뜻을 모르는 단어를 사전에서 찾아보는 습관을 들이자. 어휘력을 늘리는 데 효과적인 방법이 될 수 있다.

이 부장의 실전 말하기 꿀팁

나만의 표현, 단어장 만들기

앞서 예로 들었던 '사맞디 아니하다'같이 짧지만 흥미를 유발하는 농담 또는 문장을 몇 개 생각해서 적어두자. 이를테면 '쌀로 밥 짓는 얘기죠' 같은 간단한 문구나 최근 화제가 되어 대부분 사람이 알 만한 농담 같은 것을 살짝 변형해서 활용할 수 있다.

또한 부사는 가능한 한 줄인다. 미국의 작가 스티븐 킹은 이렇게 말했다. "지옥으로 가는 길은 부사로 뒤덮여 있다." '결코', '너무', '매우', '정말로' 같은 말은 써야 할 때는 써야겠지만 많아질수록 말이 늘어진다. 또 같은 부사를 반복적으로 쓰는 것도 금방 지루해지니 삼가야 한다.

4장

**메시지는
쓰는 게 아니라
그리는 것**

▶ ▶ ▶   메시지는 문자(text)인데 쓰지 말고 그리라니 무슨 말인지 의아할 것이다. 그림을 그린다기보다는 설계한다는 의미가 좀 더 정확할 수 있겠다. 프레젠테이션을 하나의 건물에 비유한다면 일종의 평면도를 그리는 것과 같다. 주 입구와 출구는 어디이고, 각 공간은 어디서부터 어떻게 나뉘고 어떤 역할을 하는지 표시하는 것이다. 다시 프레젠테이션으로 돌아오면 서론, 본론, 결론이 시작되는 지점과 각 챕터를 대표하는 주요 메시지는 무엇인지 간결하게 정리하는 게 프레젠테이션이다.

메시지를 도식화할 수 있으면 원고는 쓸 필요도 없다. 본인이 지금 무슨 말을 하는지 모르고 싶어도 모를 수가 없다. 또한 이 과정은 논리력을 높이는 훈련이 되기도 한다. 앞에서 한 말과 뒤의 말이 다르면 전체 구조가 삐뚤어지는 게 한눈에 보이기 때문이다. 이 장에서는 주장과 이를 탄탄하게 뒷받침하는 논리 구조를 어떻게 그리는지 살펴보자.

마우스 대신 펜을 들어라

"어떻게 저 많은 슬라이드를 10분 만에 얘기해요?"

많은 사람 앞에서 말할 때 떨리지 않으냐는 말 다음으로 많이 듣는 이야기다. 답은 간단하다. 발표 자료를 먼저 만들지 않으면 된다. 거의 모든 프레젠테이션에서 파워포인트로 만든 발표 자료를 사용하는데 대체 무슨 얘기일까? 내 말은 자료를 1순위에 두지 말라는 것이다. 자료가 주인이고 발표자가 종이 되어 끌려가면 안 된다. 자료만 봐도 충분히 알 수 있는 내용이라면 굳이 발표자가 설명할 필요가 없지 않을까?

사람들은 발표를 듣기 위해 온 것이지, 자료에 쓰여 있는 내용을 듣기 위해 온 게 아니다. 물론 기본적인 자료는 준비해야 하지만 그게 전부가 되어서는 곤란하다. 그리고 메일 내용과 별개로 첨부 파일을 보내듯 세부 자료는 발표 전후에 얼마든지 전달할 수 있다.

자료, 기왕에 쓸 거면 똑똑하게 쓰자

프레젠테이션을 준비한다고 했을 때 일단 파워포인트 프로그램부터 여는 습관이 있다면 앞으로는 마우스 대신 펜을 들어보자. 그리고 나만의 프레젠테이션 계획서를 적어보자. 여기에는 발표의 주제, 스토리, 메시지 등이 담겨야 한다. 그런 다음 더는 내용과 메시지가 흔들리지 않을 때 파워포인트든, 다른 도구로든 자료를 만들기 시작하자.

처음부터 자료를 만들기 시작하면 의도치 않게 자료 자체의 퀄리티에만 집중하게 된다. 그만큼 프레젠테이션을 준비하는 데 쓸 시간은 줄어들고 결국은 정성스럽게 만든 자료에 적혀 있는 대로 말할 수밖에 없다.

발표 자료는 듣는 이가 쉽게 이해할 수 있도록 보완하거나 말로는 잘 설명할 수 없는 것을 다른 표현 방식으로 설명하는 역할을 한다.

예를 들어 자동차가 얼마나 빠른지 설명하는 것이 핵심 메시지라고 하면 "엄청 빨라요. 눈 깜짝할 새에 사라질 만큼 빨라요"라고 백번 말해도 듣는 이에게 잘 가닿지 않는다. 조금 더 생각한다면 "몇 초에 몇 킬로미터를 갈 만큼 빨라요"라고 말할 수도 있지만 이를 직관적으로 떠올리기는 쉽지 않다. 자료가 중요해지는 것은 바로 이럴 때다.

- 자동차가 빠르게 달리는 영상
- 같은 시간에 할 수 있는 간단한 다른 활동과 시간 비교
- 최대 속도로 1년간 달렸을 때 어디까지 갈 수 있는지 세계지
  도 위에 위치 표시

이 외에도 여러 가지 방식으로 자동차의 빠른 속도를 나타낼 수 있다. 여기서 좀 더 좋은 표현을 고르는 기준은 딱 두 가지다. 표현력 자체가 압도적으로 탁월하거나, 듣는 사람의 마음에 잘 가닿을 수 있거나다.

자료를 제작할 때 무엇보다 중요한 것은 이 자료가 메시지의 전달력을 높이는 데 도움이 되느냐다. 내 이야기를 더 돋보이게 해줄 수 있는 자료인가? 바로 여기에 초점을 두고 디자인, 이미지, 영상, 색감 등을 수정하고 다듬어야 한다. 가시성이 높은지, 강조하고 싶은 내용이 잘 부각되는지 말이다. 보기 좋은 떡이면 좋기야 하겠지만 대단한 수준의 미적 기준을 적용할 일까지는 아니다.

큰 사업의 수주를 위한 입찰 또는 사업과 기관의 성격에 따라 자료 자체의 퀄리티가 중요한 평가 요소가 되는 등 발표 자료가 정말 중요한 때가 있다. 이때는 절대 혼자서 떠안고 가려 해서는 안 된다. 필요하다면 전문가의 도움을 받아야 한다. 프레젠테이션 진행자의 역량이 아무리 뛰어나도 발표 자료의 완성도가 참가자의 자질이나 역량을 가늠하는 데 영향을 미칠 수 있다. 아주

중요한 포지션의 인력을 채용하거나 수백억 규모의 사업을 맡겨야 하는데 자료가 엉성하고 부족해 보이면 능력과 자질마저 의심할 수 있다.

우리에게 필요한 일반적인 수준의 프레젠테이션에서는 위 상황만큼 자료가 절대적으로 중요한 역할을 하지는 않는다. 다만 아직 프레젠테이션이 익숙하지 않은 초보자들은 발표 자료 자체에 심적으로 많이 의지한다. 자료를 잘 만들면 발표 실력이 좀 부족하더라도 보완되지 않을까 싶기도 하고, 왠지 자료가 있다는 것만으로도 든든한 마음이 들기도 한다.

실제로 발표자의 불안감을 줄여주는 긍정적인 효과도 일부 있기는 하다. 그러나 과하게 의존했을 때는 자료에 적힌 텍스트를 그대로 읽어 내려간다든지, '자료에 보시는 대로'라는 말을 남발하는 부작용이 생긴다. 자료에 끌려가 주도적으로 발표를 진행하지 못하는 것이다.

그러니 프레젠테이션을 잘하고 싶다면 자료에 의지해 따라갈 것이 아니라 내 입맛에 맞게 똑똑하게 활용해야 한다. 프레젠테이션 자료는 슬라이드 위 평면에 그려져 있다. 발표자는 평면의 그림을 설명하는 것이 아니라 평면으로는 다 담을 수 없는 숨은 이야기까지 입체적으로 보여주는 사람이라는 것을 기억하도록 하자.

슬라이드 한 장에 몇 분 동안 말해야 할까?

제안 프레젠테이션의 경우는 보통 15분 내외로 발표를 진행한다. 그러면 적절한 슬라이드는 몇 장일까? 많이 받는 질문 중 하나다. 내 경우는 15분에 보통 65장 내외의 슬라이드를 사용한다. 하지만 항상 그런 것은 아니다. 100장의 슬라이드도 15분 동안 설명할 수 있고 때로는 20장으로 30분을 끌고 갈 수도 있다.

그 차이는 내용의 종류와 깊이에서 나온다. 각자 말하는 속도가 다른 것을 감안하더라도 거기서 큰 차이가 나진 않는다. 발표 슬라이드 한 장을 몇 분 동안 말해야 한다는 공식은 애초에 없다. 시간을 계산하기 전에 중요한 것은 계획했던 목적에 맞게 충실히 내용을 준비하는 일이다. 전체 발표 시간에서 서론, 본론 1, 본론 2, 본론 3, 결론 등 각 파트의 중요도에 따라 각각 어느 정도의 시간을 분배할 것인지 정한다. 그후 몇 번 리허설을 반복하다 보면 시간을 가늠할 수 있을 것이다.

그래도 시간이 모자라면 덜 중요한 내용을 덜어내거나 문장의 길이를 줄이면 되고, 시간이 너무 남으면 중요한 부분을 강조하거나 부연 설명을 덧붙이면서 시간을 조절하면 된다. 단 발표 시간이 15분이라고 한다면 아슬아슬하게 딱 맞추기보다는 30초 정도 여유를 남겨두고 준비하는 것이 좋다. 그러면 갑작스러운 현장의 변수에도 대응할 수 있고, 여유로운 마음으로 진행할 수 있다.

나만의 말하기 지도를 그려라

앞서 프레젠테이션을 잘하고 싶다면 원고를 버려야 한다고 했다. 그러면 무엇을 챙겨야 할까? 무거운 원고 대신 지도를 챙겨야 한다. 사막 한가운데 떨어졌을 때 생존에 필수적인 아이템은 나침반과 지도다(물론 요즘은 스마트폰 하나면 되지만 말이다). 이 두 가지 없이 앞에 놓인 길만 보고 간다면 길을 잃는 것은 물론 집으로 돌아갈 수 없을지도 모른다.

앞에 서 있는 발표자의 시선이 허공을 향해 무언가를 좇아가는 듯 보일 때가 있다. 지도와 나침반을 깜빡하고 프레젠테이션이라는 여행을 떠났을 때 흔히 생기는 일이다. 머릿속은 미리 준비했던 문장을 따라가기 바쁘고, 혹시 중간에 내용을 까먹는 불상사라도 생기면 다시 기억을 더듬어야 한다.

책의 모든 내용을 암기해서 시험장에 들어갈 수 없듯이, 프레젠테이션 현장에서도 외운 문장을 복기할 수는 없다. 말하기의 전체 여정을 마치 드론을 띄워 내려다보듯 지금 내가 어디까지 와 있고 앞으로 어디로 얼마나 더 가야 할지 알고 통제해야 한다. 그러려면 먼저 본인만의 스타일로 지도를 그려야 한다.

손에 잡히는 작은 지도를 그려라

지도를 그리는 법은 간단하다. 첫째, 서론·본론·결론 세 파트로 내용의 덩어리를 나눈다. 둘째, 각 파트에서 전달할 메시지의 포인트를 정리한다. 셋째, 그 메시지를 전달할 스토리, 매체, 방식 등을 추가한다.

프레젠테이션의 상황과 내용에 따라 차이는 있지만 대략 다음 페이지 그림과 같이 말하기 지도를 그릴 수 있다. 학교의 과제 발표, 기업의 사업 및 아이디어 제안 등에서 일반적으로 가장 흔하게 쓰이는 패턴이다. 우리가 익히 아는 기승전결의 흐름과도 비슷해 보이는데 각 단계에서 전달해야 할 주요 메시지를 함께 정리해놓은 형태다.

만약 지도 위의 지점들이 더 많아지면 메시지나 정보를 더 함축적으로 요약해서 정리하면 된다. 중요한 건 내용을 정확하게 외우는 게 아니라 프레젠테이션 전체의 흐름을 머리에 입력하고 현장에서 자연스럽게 풀어내는 것이다. 지도라고 표현했지만 간단하게 개요를 써보는 과정만으로도 충분하다.

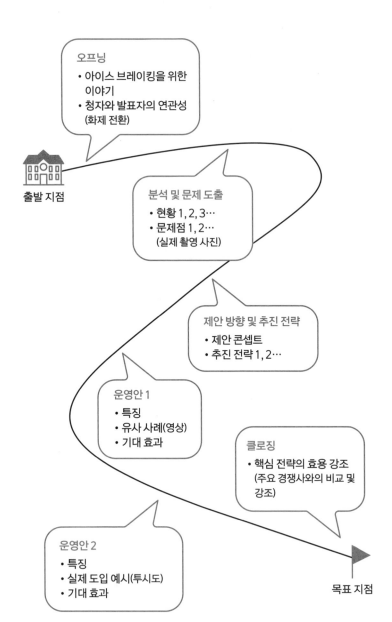

만약 준비 시간 없이 급히 진행해야 한다면 서론·본론·결론 세 덩어리의 흐름에 맞게 키워드만이라도 정리해보자. 아무것도 없는 깜깜한 사막의 밤에는 작은 불빛도 큰 힘이 될 수 있다.

지도를 그릴 때 팁은 최대한 짧게 쓰는 것이다. 지도가 실제 크기 그대로라면 그건 지도가 아니다. 요약본 역할을 하는 지도조차 구구절절해지면 외우기가 너무나 힘들다. 글을 텍스트로 보고 외우기보다는 뜻을 지닌 하나의 의미 덩어리로 보자. 그래서 어느 한 위치를 떠올렸을 때 내용에 해당하는 장면이 떠올라야 한다. 일반적으로 글자보다는 이미지가 더 잘 기억되며, 장면은 즉각적으로 머릿속에서 떠올릴 수 있다.

한 번에 하나의 메시지만

"난 한 놈만 패!"

이 대사는 누구나 알 것이다. 이 말을 유행시킨 영화 제목이나 배우 이름은 몰라도 말이다. 심지어 한 놈만 팬다는 말 뒤에 '전략'이라는 단어가 붙어 나오는 경우를 자주 볼 수 있는데, 물론 말하기에도 통용되는 전략이다. 아무리 하고 싶은 말이 많아도 하지 않는 인내심을 키워야 하며, 말을 할 때는 딱 하나의 메시지만 전해야 한다.

아이스크림 브랜드 배스킨라빈스는 '골라 먹는 재미가 있다'라는 브랜드 콘셉트와 메시지를 갖고 있다. 광고, 포스터, 홈페이지, POP 등 다양한 매체에서 골라 먹는 재미를 여러 가지 방식으로 표현한다. 사실 이 매장을 찾는 사람들은 대부분 자기가 좋아하는 아이스크림만 계속 먹는다는 아이러니가 있긴 하지만, 그럼에도 종류가 많고 다양하다는 이미지가 깊게 박혀 있다.

말하기가 능력이 될 때

그런데 만약 이 브랜드에서 '우리 아이스크림은 다양하고, 재료도 특별하고, 맛도 좋고, 모양도 예쁘고, 직원들도 친절하고, 포인트도 적립해주고, 사이즈도 업그레이드해주고…'라고 이야기했다면 어떤 반응이 돌아왔을까?

모든 걸 다 이야기하겠다는 생각은 어떤 것도 제대로 말할 생각이 없다는 것과 같다. 프레젠테이션을 구성할 때 의욕이 넘쳐서 혹은 어떤 것도 버릴 내용이 없어서 고민되는 경우가 많을 것이다. 욕심을 부릴수록 잃는 것이 더 많아지니 과감하게 덜어내야 한다. 안 중요해서 버리는 게 아니다. 그보다 더 중요한 이야기에 우선순위를 두는 것이다.

하고 싶은 말이 많아도 욕심내지 말자

여기서 한 번에 하나의 메시지만 담아야 한다는 것은 1부터 10까지를 몰아서 한꺼번에 전하지 말고 차례로 하나씩 말하라는 뜻이다. 그런데 주의해야 할 점이 하나 더 남아 있다. 1번 메시지를 말하는데 이와 관련된 1-1, 1-2가 아닌 3-1과 같이 맥락에 맞지 않는 이야기를 덧붙이지 말아야 한다.

다시 앞의 아이스크림 브랜드 메시지로 돌아가보자. 골라 먹는 재미를 만들어내는 요소에는 여러 가지가 있을 것이다. 대표적으로 아래와 같이 몇 가지 특징을 정리해볼 수 있다.

1. 메뉴가 다양하다

1-1. 원재료의 다양성

1-2. 색깔과 맛의 종류

2. 재미있는 스토리가 있다

2-1. 유명 브랜드와의 컬래버레이션

2-2. 캐릭터 굿즈를 활용한 이벤트

1번과 2번은 뼈대가 되는 주요 메시지이고 뒤따라 나오는 1-1, 1-2의 내용은 뼈대에 살을 붙여 이야기의 구조를 탄탄하게 만든다. 다소 일방적이고 모호할 수 있는 주장이나 추상적인 콘셉트에, 구체적인 근거나 사례를 들어 상대방이 받아들일 수 있는 생생한 메시지가 될 수 있도록 숨을 불어넣는 것이다.

다시 정리해 보면 아래와 같다.

메시지(콘셉트)

근거 1-1

근거 1-2

근거 1-1을 말해야 할 때는 아무리 다른 이야기를 꺼내고 싶은 충동이 생기더라도 본래 주제에서 벗어나 다른 이야기로 빠지면 안 된다. 우선 확실하게 하나를 매듭짓고 난 뒤에 다음의

말하기가 능력이 될 때

1-2로 옮겨가서 새로운 국면으로 화제를 전환하거나 또는 더 확장된 범주의 이야기로 나아가야 한다.

너무나 당연한 이야기 아니냐고? 실전 상황에서는, 이 쉬운 원칙들보다 의식의 흐름이 우선되는 때가 훨씬 많다.

바로 살펴보자. 면접장에서 아래와 같이 말하는 지원자가 있다. 이 회사는 어떤 회사일까?

"제가 가장 좋아하는 여행지는 호주의 아들레이드입니다. 와인으로 정말 유명한 곳인데요. 이곳의 한 와이너리를 방문해서 마셨던 와인은 빛깔부터 마실 때 입안에서 느껴지는 질감과 풍미까지 모든 게 완벽했습니다. 그리고 와이너리도 한 곳만 가기보다는 여러 곳을 가보면 각 와이너리 고유의 맛을 확실히 느낄 수 있습니다. 이곳은 특히 주변 자연환경이 장관이었는데요. 이 지역이 세계에서 살고 싶은 도시 TOP 5에 매년 꼽힌다고 하는 이유를 실감할 만큼 공기부터 달랐던 기억이 납니다. 다른 여행지에서는 쉽게 볼 수 없는 동식물류도 잘 보전되어 있고, 길을 오가며 만난 사람들마저 표정이 너무나 밝고 행복해 보였습니다. 아무래도 그런 천혜의 환경이 포도가 자라는 데도 영향을 주고 와인 맛을 좌우하는 요인이 아니었을까 싶습니다. 누군가에게 여행지를 추천한다면 저는 이곳을 가장 먼저 꼽고 싶습니다."

이 곳은 여행사일까? 아니면 와인과 관련된 회사일까? 아마도 질문은 추천하고 싶은 여행지 또는 가장 기억에 남는 와이너리 한 곳을 꼽아보라 등등 여러 가지일 것으로 추측된다. 질문이 무엇이었든 간에 이 답변은 이리저리 돌아다니는 미꾸라지처럼 메시지를 흐린다. "가장 기억에 남는 와이너리에 대해 말해보세요"가 면접 질문이었다고 가정한다면 답변은 아래처럼 구조를 정리할 수 있다.

메시지

나는 자연경관이 뛰어난 와이너리를 최고로 꼽는다

근거 1-1

호주 아들레이드 와이너리의 특징: 맛과 품질

근거 1-2

호주 아들레이드 와이너리의 특징: 자연환경

근거 1-3

일조량 등의 자연 조건이 포도 생육과 와인 맛에 미치는 영향

결론

그래서 나는 눈과 입이 모두 즐거운 와인을 즐길 수 있다는 점에서 호주의 아들레이드를 가장 선호하는 와인 산지로 꼽는다

프레젠테이션뿐만 아니라 어떤 말하기 상황이든 사람들이 저 문을 열고 밖으로 나갈 때 이것 하나만큼은 꼭 기억하도록 만들 겠다고 마음먹어야 한다. 한 번에 두 마리 토끼를 잡겠다는 건 요행이 아니라 환상에 가깝다. 한 번에 한 마리만 잡겠다고 생각 하는 것이 메시지를 짜임새 있게 구성하고 분명하게 전달할 수 있는 지름길이다.

좋은 자리에 순서 잡기

프레젠테이션을 기획할 때 중심 메시지나 논리 못지않게 고민해야 하는 것이 바로 목차, 말하기의 순서다. 같은 말이라도 언제 어디서 말하느냐에 따라 효과는 180도 달라질 수 있기 때문이다. 그런데 순서에 대해 사람들이 오해하는 점이 있다.

"중요한 내용은 맨 마지막에 해야 감동적이죠."

"처음에 얘기해야 집중도 되고 깊은 인상을 주죠."

음식에 비유할 만한 건 아니지만, 이런 논리라면 가장 중요한 메인 요리가 중간에 나오는 서양식 코스는 잘못된 것일까? 프레젠테이션을 준비할 때 범하는 많은 실수 중 하나가 처음과 끝이라는 순서에 과도하게 의미를 부여하고 크게 한 방을 날리려는 것이다. 앞서 오프닝이나 클로징에 대한 과도한 집착과 비슷한 경우다.

순서는 내 마음대로 정하는 것이 아니다

순서를 배치하는 것은 언뜻 쉬워 보이지만 그만큼 쉽게 오류를 범하는 부분이다. 마지막에 말했을 때 큰 감동이 되는 스토리가 있고, 반대로 처음에 들었을 때 놀라게 되는 이야기도 있다. 중간에 듣고 대반전의 소름이 돋는 말도 있다. 단순히 중요하거나 덜 중요하기 때문에 처음이나 마지막에 배치하는 것이 아니라는 말이다.

영화 〈유주얼 서스펙트〉에서 '다리를 저는 사람이 범인이다'라는 반전이 단순히 가장 중요하단 이유로 맨 처음에 나왔다면 이 작품이 과연 서스펜스의 명작이 되었을까? 다큐멘터리에서 이해하기 어려운 이론의 원리와 공식이 핵심 메시지라는 이유로 가장 마지막에 나온다면 어떨까?

마트나 백화점에서 물건을 진열할 때도 판매 상품에 따라 전략과 법칙이 있다고 한다. 값비싼 고급 상품은 가운데에 홀로 전시되어 가장 화려한 스포트라이트를 받는가 하면, 어떤 제품은 주력 판매 상품보다 저렴한 것들을 주변에 미끼로 배치해두기도 한다.

이렇듯 순서나 위치에는 '왜 거기에 있어야 하는지' 그 이유가 있어야 한다. 이 법칙은 메시지의 구성과 순서 배치에서도 마찬가지로 적용된다. 가장 먼저 생각해야 할 것은 'where'가 아니라 'how'다. where, 즉 메시지가 놓이는 위치는 독립적으로 결정되는 것이 아니다. 어떤 의도로 무엇을 어떻게 전하기 위함인지, 전체 스토리의 설득력을 높이거나 감동을 주기 위해 가장 효과적인 구성이 무엇인지가 결정되면 흐름과 순서는 그에 따라 자연스럽게 정해진다.

처음부터 한 번에 구성하기가 힘들다면 핵심 메시지만 뽑아서 순서만 다르게 구성한 버전 1, 버전 2, 버전 3을 간단하게 그려보자. 그런 다음 머릿속으로 흐름을 상상해보거나 혼자 읊조려보면서 어떤 흐름이 더 힘 있게 다가오는지 비교해서 판단하자.

반복되는 말에는 이유가 있다

순서에 대한 두 번째 오해는 "앞에서 했던 말인데 또 얘기해?"라는 것이다. 아무리 중요한 이야기도 한 번만 얘기하면 까먹는 사람이 반 이상이고, 별 이야기가 아니어도 계속 반복하면 더 많은 사람이 기억한다. 핵심 내용은 아무리 많이 얘기해도 지나치지 않다. 다만 질리지 않을 정도로 반복의 횟수와 간격을 조절하는 게 중요하다. 이때 같은 메시지라도 다른 표현으로 바꿔준다면 더 좋다.

예를 들어 기업의 구매경쟁력을 차별화 전략으로 강조하는 프레젠테이션이라면 다음과 같이 다양하게 말할 수 있다.

"우리 회사는 최고의 구매경쟁력을 갖고 있습니다."

"같은 가격이라도 훨씬 저렴한 가격에 구매할 수 있죠."

"사실 이 부품은 금액적인 부담 때문에 흔히 사용하지 못합니다만, 저희는 대량 구매를 통해 이 좋은 부품까지도 쓸 수 있었습니다."

매장에서도 주력 상품은 어디서든 잘 보이고 여러 번 시선이 갈 수 있도록 진열한다. 가는 길목에 홍보물도 놓고 판촉사원도 둔다. 프레젠테이션도 마찬가지로 '핵심 메시지를 어떻게 잘 팔 수 있을까?'를 고민해야 한다. '재미있는 이야기이니까 아무 데나 둬도 관심을 받을 수 있겠지' 하는 안일한 생각은 금물이다.

좋은 순서와 위치인지 판단하는 기준은 청중에게 가장 큰 인상을 남길 수 있는가, 가장 중요한 이야기였다고 느끼게 할 수 있는가다. 딱 이렇다 하고 정해진 게 아니기 때문에 나 역시도 가끔 고민될 때가 있다. 그럴 때는 대략 두세 가지 정도로 다르게 구성해서 빠르게 입 밖으로 내뱉어본다.

물론 여기에 많은 시간을 들일 필요는 없다. 그림을 그리는 것에 비유하자면 크로키처럼 빠르게 대략적인 형태와 구성을 보는 것이다. 이런 과정들을 반복하다 보면 프레젠테이션 첫 구성 단계부터 어떤 내용이 언제 어디쯤 나오는 것이 좋을지 자연스럽게 감이 잡힌다.

제대로 순서 잡는 법

순서를 짜는 게 어렵고 잘 모르겠으면 초등학교 국어 시간으로 돌아가 보자. 글의 구성 방식에서 가장 먼저 배우는 것은 주제를 어디에 넣을 지에 관한 내용이다. 두괄식, 양괄식, 미괄식. 자신이 없다면 이 세 형식에서 벗어나지 말자. 주제가 되는 내용을 중간에 넣거나 은근히 드러내는 것도 얼마든지 가능하지만 많은 경험과 내공이 쌓여야 한다. 그리고 프레젠테이션에는 그다지 적합하지도 않다. 이왕이면 두괄식, 양괄식을 권한다.

말은 뜨개질처럼 엮어야 한다

정작 나는 뜨개질은 할 줄 모른다는 것이 함정이지만 말은 '뜨개질처럼' 해야 한다. 머릿속으로 뜨개질하는 과정을 떠올려보자. 먼저 내가 뜨개실로 무엇을 만들 것인지 구상한다. 무엇을 만들 것인지 결정할 때는 나의 뜨개질 실력, 속도, 작업 시간까지 모두 고려해야 한다.

만들 대상을 장갑으로 결정했다면 누가 사용할 것인지, 그 사람이 좋아하는 색깔은 무엇인지, 실의 재질은 어떤 것으로 할 것인지 정한다. 그리고 이제 한 땀, 한 땀 뜨개질을 시작한다. 만약 5,000땀의 뜨개질을 해야 한다면 첫 땀부터 5,000땀까지의 과정을 일일이 다 생각하면서 할 순 없다. '자, 여긴 568번째 땀이야'가 중요한 게 아니다. 전체 장갑의 모양을 만들기 위해 어디까지가 손목, 손바닥, 손가락인지를 숙지하는 것이 핵심이다. 내가 지금 만들고 있는 건 몇 번째 손가락이고 길이는 얼마나 더 길게 만들어야 하는지, 또 어디쯤에서 실의 색깔을 바꿔야 하고 장식을 달아야 하는지를 보면서 엮는 것이다.

이런 식으로 전체 흐름과 큰 포인트를 보면서 가야 중간에 실이 끊어지고 문제가 생겨도 그 부분을 빨리 찾아서 금방 다시 이어갈 수 있다. 만들다 잠깐 틀렸다고 해서 장갑 만들기가 실패로 끝나지는 않는다.

뜨개질처럼 프레젠테이션 엮기

프레젠테이션도 마찬가지다. 각 문장을 뜨개질하듯 말해야 한다.

전체를 보고 부분으로 나눠 /
부분을 구성하는 핵심 메시지를 뽑아 /
메시지를 구성하는 키워드를 기억하고 /
그 키워드를 뼈대 삼아 /
살을 붙여 문장을 만든다.

위의 글은 붙여서 쓰면 한 문장이지만 말하는 것을 눈으로 볼 수 있도록 뜨개질처럼 줄을 바꿔가며 내용을 다섯 가지로 구분해서 정리했다. 지금 발표에서 내가 어디쯤 와 있는지, 특별히 강조해야 할 포인트가 어디인지 모르고 한 땀, 두 땀 세며 앞만 보고 가는 것은 프레젠테이션에서 문장만 통째로 외워서 말하는 것과 같다. 내가 직접 디자인하고 실을 떠서 만들어가는 게 아니라 실을 따라가는 손만 움직이는 격이다.

뜨개질 같은 말하기는 실제로 이렇게 적용할 수 있다. 예를 들어 여성이 많은 기업의 특성을 반영한 여성 맞춤 사업을 제안하는 프레젠테이션을 준비한다고 해보자. 핵심 메시지는 '여성 중심'이고 오프닝과 클로징은 그와 관련된 독특한 사례를 들어 설명하려 한다. 그러면 다음과 같이 각 파트의 핵심 메시지와 키워드를 정리할 수 있다.

[오프닝]

1. 서울시의 '여행 프로젝트' 사례: 여성이 행복한 도시 만들기 사업

- **안심 귀갓길**: 밤늦은 귀갓길의 골목길 가로등 밝기 개선
- **보도블록 틈 메우기**: 보행 시 구두 뒷굽이 끼는 불편한 보도 환경 개선

[클로징]

1. 여성만이 아니라 모두가 행복해지는 일을 제안한다

- **왜?**
  보도블록이 평탄해지면 구두 뒷굽만 끼지 않는 것이 아니라 노인들이 걷기도, 아이들이 자전거를 타기도, 환자가 휠체어

를 타기도 좋고 건강한 청년이 걷기도 편해서 서울시도 이런
목적으로 여행 프로젝트라는 사업을 하고 있다
2. **많은 여성 직원**, 모든 직원이 더 **행복한 근무 환경**을 만들고
자 한다

굵은 글씨로 된 부분이 핵심 키워드다. 바로 이 키워드를 중심
으로 살을 붙인다.

> "서울시에서 시행하는 '여행 프로젝트'라는 사업이 있습니
> 다. 여성이 행복한 도시를 만드는 일인데요."
> "혹시 '여행 프로젝트'라고 들어보신 적 있으세요? 여성이
> 행복하게 살 수 있는 도시를 만드는 서울시의 사업입니다."
> "서울시에는 여성이 행복한 도시를 만들기 위한 '여행 프로
> 젝트'라는 사업이 있다고 합니다."

다 같은 이야기다. 이처럼 키워드를 중심으로 뜻이 통하도록
엮으면 문장은 위의 세 가지뿐 아니라 얼마든지 다양하게 말할
수 있다. 한 가지 꼭 기억해야 할 것은 중요한 키워드와 표현이
다. 위 세 문장은 모두 다르지만 핵심 키워드는 빠지지 않았다.

클로징을 예를 들어 살펴보자. 클로징은 대다수의 직원인 여
성만을 위하고 소수의 사람을 배제하는 것이 아니라 더 많은 사
람이 행복해질 수 있다는 메시지가 핵심이다. 하지만 여기서 끝

나면 이 문장은 근거가 약한 뜬구름 잡는 이야기가 될 수 있다. 그래서 오프닝 때 언급했던 사례를 다시 가져와 구두 뒷굽이 끼는 보도 환경을 개선함으로써 여성뿐 아니라 모든 이의 보행이 더 편해졌다는 숨겨진 또 다른 이야기를 펼쳐놓는 것이다. 이 사례를 빼고 그냥 지나치면 메시지의 의미도 생생하게 전달할 수 없고 클로징의 임팩트도 약해진다.

이렇게 의도가 담겨 있는 중요한 이야기와 키워드는 절대 놓쳐서는 안 된다. 킬링 포인트로 준비한 문장, 표현, 동작들도 모두 마찬가지다. 의미 전달을 1순위에 두고 그 기준에 따라 꼭 기억해야 할 메시지만을 엄선해서 외워야 한다. 모든 것을 토씨 하나 틀리지 않고 끝까지 가기에는 우리의 뇌 용량과 기억력에 한계가 있다. 무엇보다 처음부터 이 문장만이 정답이라고 정해놓은 '단 하나(the one)'가 없으니 발표 중에 틀렸다고 생각하고 당황할 일도 없다. 완벽한 문장, 완벽한 말하기는 잘하는 프레젠테이션의 조건이 아님을 기억하도록 하자.

말하기에도 '카르페 디엠(Carpe Diem)'이 필요하다

카르페 디엠, 현재 이 순간에 충실하라는 이 유명한 가르침은 말하기에도 똑같이 적용할 수 있다. 내가 지금 말하기의 전체 과정에서 어디쯤 서서 말하고 있는지 그 시점, 바로 현재에 머물러야 한다. 문장을 통째로 달달 외우지 말라고 한 것도 그 때문이다. 문장을 외우게 되면 내 머리는 지금 말을 하는 시점이 아니라 그다음 말할 내용을 향해서 한 발짝 앞서가기 때문이다.

앞에 서 있는 발표자의 시선이 정면이 아니라 허공 어디인가를 향해 따라가는 듯 보인다면 대개는 다음에 말할 스크립트 내용을 미리 떠올리고 있는 것이다. 청중들은 지금 발표자의 입과 머리가 따로 움직이고 있음을 금방 알아차릴 수 있다. 인생이든, 말하기든 지금 여기에 집중해야 그다음에 이어질 미래가 더욱 빛날 수 있다.

어려운 말은 듣기 싫은 말이다

주사를 맞을 때만 힘을 빼야 하는 것이 아니다. 중요한 일을 할 때일수록 오히려 힘을 빼야 한다. 발표, 글쓰기에서 가장 많이 범하는 실수는 힘이 들어간다는 것이다. 신체적 긴장이 아니라 말과 글에서 이른바 '어깨 뽕'이 잔뜩 들어간 모습들이 보인다. 잘하고 싶은 마음이 앞서기 때문이기도 하지만, 말을 하거나 글을 쓸 때 '잘한다'의 의미를 '어렵게 해야 한다'로 오해하기 때문이다. 아무나 말할 수 없는 멋진 단어나 전문적인 표현을 써야 잘한다고 생각하지만, 명심하자. 어려운 말은 관심을 덜 받는 정도가 아니라 사람들에게 즉시 외면당한다.

그렇다고 해서 정보와 메시지를 해칠 만큼 무턱대고 쉬워야 한다는 건 아니다. 신문 기사가 좋은 예다. 신문이 다루는 내용은 가볍지 않으며 정치, 경제, 사회 등을 아우른다. 하지만 중학생이 읽어도 크게 무리가 없는 수준에 맞춰 평이한 언어로 전달한다.

독자들에게 낯선 용어나 단어는 쉬운 말로 바꾸고, 어려운 내용은 배경을 충분히 설명해서 쉽게 이해할 수 있도록 쓴다.

프레젠테이션 전용
공식 언어가 있다고?

설마 프레젠테이션에서도 그렇게까지 힘이 들어갈까? 비약처럼 보일 수 있지만 특히 발표 스크립트를 쓰는 경우 조금 정도가 덜 할 뿐 생각보다 이런 일은 비일비재하다. 글을 쓰는 순간 우리는 머리와 손을 '엄격·근엄·진지 모드'로 가동한다. 살면서 한 번도 말해본 적 없는 거창한 말들이 최소 서너 줄은 차지한다.

그 이유는 천부적인 프로 작가가 아닌 우리 대부분은 글을 쓴다는 자체에 큰 부담을 느끼기 때문이다. 글은 말과 달리 기록되어 쉽게 사라지지 않는 특성이 있어, 내 이름으로 쓰인 바보 같은 글은 절대 남기고 싶지 않기 때문이기도 하다. 반드시 있어 보여야 하고 잘 써야 하고 우습게 보여선 안 된다는 짐을 가득 얹고 글쓰기를 시작한다. 그래서 우리는 가장 안 좋은 방식을 택하는 우를 범한다. 어려운 말을 쓰는 것이다. 하지만 그렇게 쓰인 문장을 듣는 사람은 그저 괴롭기만 할 뿐이다. 오래전 신문 기사처럼 지금은 낯설고 별로 듣고 싶지 않은, '죽은 말'인 것이다.

프레젠테이션의 문장은 글이든 말이든 관계없이 쉬워야 한다. 모두가 비슷한 수준을 바탕으로 의견 일치(consensus)를 이루는 전문 학회 같은 특수한 경우가 아니라면 무조건 쉬워야 한다. 쉽게 말한다는 것은 단순히 한자어나 어려운 표현을 쓰지 않는 것에 국한되지 않는다. 듣는 사람에 대해 미리 알고 있는 말하기 상황은 흔치 않다. 혹시 알 수 있더라도 성별이나 연령, 직업 등 집단적 특성이 전부인 경우가 많다. 그렇기 때문에 어떤 말하기 상황이든 사람들 각자가 지닌 배경지식이나 이해의 수준과 상관없이 직관적으로 이해할 수 있는 말이 쉬운 말이다.

어려운 말은 듣기도 싫을뿐더러 발표자에 대한 호감도 떨어지게 만든다. 최대한 많은 사람이 내 이야기에서 어렵지 않게 쓸모 있는 정보나 가치를 얻을 수 있도록 하겠다는 마음으로 말하면 단어 하나도 허투루 내뱉을 수 없다.

보이지 않고 느낄 수 없는 것도 전하는 '배려'의 힘

내일의 날씨를 전하는 상황이라고 해보자. "내일은 오늘보다 기온이 조금 낮은 영하 몇 도까지 떨어지고 체감온도는 그보다 낮은 영하 몇 도까지 떨어집니다. 따뜻하게 채비하고 나가셔야 하겠습니다."

그런데 기온이 2도에서 3도쯤 내려가는 건 어느 정도의 수준일까? 혹시 오늘 외출하지 않았던 사람이라면 어떻게 가늠해볼 수 있을까? "내일은 오늘 입은 옷에 목도리 하나 정도 두르고 나가시면 좋겠습니다"라고 운을 떼보면 어떨까?

기상과 관련된 분야의 전문가가 아니고서야 온도계 안 '숫자의 차이'만 듣고 바로 몸으로 느껴지는 '온도의 차이'로 연결하기는 쉽지 않다. 기온이 2~3도 낮아진다면 어제보다 엄청 추워지는 것은 아니므로 더 두꺼운 외투를 입을 필요는 없을 것이다. 그 고민에서 나온 것이 '목도리'다. 실제로 목도리를 두르면 체온이 2~3도 상승하는 효과가 있다는 결과도 있다. 두 문장의 차이가 별것 아닌 것 같지만 듣는 사람들이 받아들이는 온도는 확연히 다르다.

상대를 배려하는 말을 하려면 내가 더 수고스러워야 한다. 대단한 노력이 필요한 것은 아니다. 내가 말을 듣는 쪽이 되었을 때 의문이나 의심이 생기지 않는지 딱 한 번만 더 질문을 해보면 된다. 그러면 그다음에 무엇을 해야 할지 자연스럽게 알 수 있다.

벌써 오래전 일 같지만 끝난 지 얼마 되지 않은 코로나19 당시의 상황을 떠올려보자. 거리두기 차원에서 다양한 정책이 시행되었는데, 그중 단계별 영업 중단 정책에 대해 전달한다고 해보자. 해당 업종, 영업 면적, 인원수 등 수많은 정보를 일일이 열거하다 보면 말을 전하는 사람조차도 혼란스러울 수 있다. 특정 단계에서 헬스장, 식당, 카페 등의 상점이 있는 건물 하나를 예로든다면 "사실상 1층 편의점 하나 빼고는 9시 이후 불이 다 꺼지는 셈입니다"라고 이야기할 수 있다.

물론 그렇게 표현하기까지는 대충 빗대어 설명하는 차원이 아니라 정말 그렇게 말해도 되는지 사실관계와 정보를 정확히 파악하는 과정이 필요하다. 2미터 거리두기도 마찬가지다. '2미터가 대략 얼마나 되지?'라고 한 번만 질문을 던져보면 일상에서 마주하는 비슷한 길이의 무언가가 없을지 찾아봐야겠다는 생각이 자연스럽게 든다.

더 쉽고 좋은 표현을 찾기 위해 말하는 사람이 더 많이 고민하고 더 많은 고생을 할수록 메시지의 울림은 커진다. 듣는 사람이 더 편해지는 것은 물론이다. 무언가를 발표하기에 앞서 가져야 할 마음가짐 중 하나다.

이 부장의 실전 말하기 꿀팁 99

발표에서 정말 어색한 표현들

발표를 듣다가 이해는 가지만 뭔가 조금 이상하다는 느낌이 든다면 대부분 문어체를 그대로 읽는 경우다. 문어체를 쓰면 '을, 를' 같은 조사가 붙어 쓸데없이 말의 길이가 길어지고, 일반 대화에서는 잘 등장하지 않는 고루한 단어들이 뒤따른다.

1. '…을(를) 했습니다'

쉽게 말할 수 있는 이야기를 굳이 길고 딱딱하게 만드는 마법의 표현이다.

예) 식사를 했습니다 → 식사했습니다

　　발전을 했습니다 → 발전했습니다

2. '…하도록 하겠습니다', '…해보도록 하겠습니다'

발표 시간만 잡아먹는 중복된 표현이다.

예) 하도록 하겠습니다 → 하겠습니다

　　해보도록 하겠습니다 → 해보겠습니다

3. '…으로 인하여', '…에 기인한 것으로'

'…에서, …으로, …에, …로' 등 짧고 쉬운 말로 대체 가능하다.

예) 이번 홍수로 인하여 → 이번 홍수로

5장

바로 써먹는
실전 말하기 비법

▶ ▶ ▶ "I have a dream(제게는 꿈이 있습니다)."

위 문장으로도 유명한 마틴 루터 킹의 연설문은 고전 중의 고전이다. 그의 연설문에는 모든 커뮤니케이션의 정석들이 담겨 있다. 기본적인 수사(rhetoric)의 기술뿐 아니라 청중과의 공감까지 분석하자면 아마 한 시간은 족히 걸릴 것이다.

그런데 '제게는 꿈이 있습니다'라는 문장은 미리 준비된 것이 아니라 현장에서 우연히 떠오른 말이라고 한다. 그의 연설을 듣던 청중 한 명이 꿈 이야기를 해달라고 했고 그는 내용을 바꿔 무려 여덟 번이나 '제게는 꿈이 있습니다'라는 명문장을 말했다. 전해지는 바에 따르면 100퍼센트 즉흥 애드리브는 아니라고 하지만 현장에서 갑자기 그리 말하기란 무척 어려운 일이다.

아무리 탄탄한 대본과 연출이 뒷받침되어도 배우의 연기에 따라 감동의 정도가 다른 것처럼, 잘 준비한 스토리와 전략을 현장에서 제대로 살려 말하려면 연습과 요령이 필요하다. 여기서는 실전에서 활용할 수 있는 가이드 비법들을 준비했다.

　　　　 "

힘이 있는 말은
문장부터 다르다

——————　⋮　——————
○

최근 직원 채용에서도 프레젠테이션 면접을 보는 기업들이 늘고 있다고 한다. 만일 당신이 면접관이라면 팀원으로 함께하고 싶은 사람은 다음 둘 중 누구인가?

지원자 A

"저는 책임감이 강하고 팀워크를 중요하게 생각합니다. 저
보다 남을 배려하고 도우며 최선을 다해서 열심히 하겠습
니다. 자신 있습니다."

지원자 B

"제가 좋아하는 운동은 야구와 축구입니다. 이 두 가지의 공
통점은 공으로 한다는 것과 많은 사람이 같이 한다는 겁니
다. 이 운동을 하기 전까지 저는 제가 잘하는 것만이 중요

했는데, 운동하면서 혼자서만 잘해서는 이길 수 없고 함께 했을 때 더 큰 성취와 기쁨이 있다는 걸 알게 됐습니다. 그 라운드에서든, 벤치에서든 맡은 자리에서 누구 하나 중요하지 않은 사람은 없습니다. 한 팀으로서 함께 성장하는 신예 선수가 되겠습니다.''

두 지원자가 전하는 메시지는 같다. '나는 조직 생활에 잘 어울릴 수 있는 사람이다'라는 것이다. 그렇지만 메시지만 놓고 보자면 B의 말에 마음이 더 기울 것이다. 진짜 B가 축구를 했는지, 깨달음을 얻었는지 진위를 가릴 순 없지만 나름의 이유 있는 스토리가 있기 때문이다.

나의 언어로 이야기하라

면접이나 입찰처럼 설득이라는 목적이 분명한 말과 글에는 상대방이 고개를 끄덕일 수 있는 근거와 논리가 충분히 있어야 한다. 주장의 근거로는 흔히 알려진 바와 같이 기사, 책, 논문, 연구, 유명인의 말 등 공신력을 갖춘 소스들도 있지만 가장 큰 힘을 가질 수 있는 건 나의 이야기다. 내가 직접 겪은 경험이 가장 좋지만 경험에는 한계가 있으니 책, 영화 등 다양한 간접 경험을 활용하는 것도 좋다. 하지만 이 역시 나의 말로 바꿔 말할 수 있어야 한다. 그저 남의 말을 가져다 쓰는 건 남의 이야기일 뿐이다. 하지만 남의 말을 듣고 느끼고 생각하면서 새롭게 해석한 결과는 나의 이야기가 된다.

프레젠테이션에서 발표자와 청중 사이의 거리를 좁혀야 한다는 말은 많이 들어봤을 것이다. 한 가지 더 거리를 좁혀야 할 것이 있다. 발표자인 나 자신과 내가 발표해야 할 내용 사이의 거리다. 어딘가에서 주워들은 말을 전달하는 것과 내 것으로 소화해 말하는 것은 전혀 다른 일이다. 사람들은 누군가가 자신의 진짜 이야기를 꺼낼 때 마음을 연다. 그래서 발표의 내용은 내가 전달하는 대상이 아니라 나 자신의 이야기여야 한다.

앞서 예로 든 면접에서 지원자 B가 "축구는 모든 선수가 호흡을 맞춰야만 잘할 수 있는 운동이라고 합니다. 개인보다는 단체가 함께 해야만 좋은 결과를 얻을 수 있습니다"라고 남의 이야기를 전달하듯 말했다면 같은 말이라도 전혀 다르게 느껴졌을 것이다.

그러나 분명 같은 이야기를 하는데 유독 와닿고 절로 고개가 끄덕여지는 말이 있다. 꼭 직접 경험한 일이어서가 아니라 말하는 사람이 부여한 의미가 있거나 다르게 해석해서 자신만의 것으로 체득한 이야기가 있다. 그 이야기를 받아 적어보자. 글로 써봤을 때 문장부터 확실히 다를 것이다.

말이 힘을 가지려면 문장이 탄탄해야 한다. 그리고 그 문장을 받쳐주는 건 나 자신의 확고하고 논리정연한 생각이다.

좋은 것 같은 게 아니라 좋은 겁니다

'…한 것 같아요', '…인 것 같습니다'는 문장을 힘이 없어 보이게 만드는 대표적인 표현이다. 이런 말은 "사실 저도 잘 모르겠습니다", "정확하지는 않으니 믿지 마세요"라고 말하는 것과 같다. 정말 불확실한 내용을 말하는 것이 아니라면 일상적으로 익숙해진 어미부터 줄여나가자. 누가 뭐래도 내가 좋은 건 좋은 것이지, 좋은 것 같은 게 아니다.

또 하나, 이런 것, 저런 것은 어떤 것도 아니다. '이런', '저런', '그런' 같은 지시대명사는 말의 신뢰성을 떨어뜨리고 군더더기처럼 느껴진다. 정확하게 의미하고 가리키는 바를 설명해도 의도를 100퍼센트 전달하기 어려운데 그마저도 이런저런 것들로 표현해버린다면 도무지 뜻을 알기 어렵다.

"

짧은 말이 멀리 간다

- - - :
  :
  ○

말에도 다이어트가 필요하다. 1분도 듣고 있기 힘든 말하기의 대표적인 사례로 옛날 교장 선생님의 훈화 말씀을 꼽을 수 있다. 왜 교장 선생님의 말은 잘 안 들리는 걸까? 가장 큰 이유는 길기 때문이다. 말이 길어지는 건 할 말이 많아서가 아니라 무슨 말을 해야 할지 정리가 안 되어 있어서다.

말은 최대한 짧을수록 좋다. 그러면 어떻게 말을 줄일 수 있을까? 먼저 말 그대로 말을 잘라야 한다. 적었을 때 두세 줄 이상 넘어가는 문장이라면 같은 내용별로 묶어서 여러 개로 쪼개는 것이다.

여기서는 말을 줄여 잘 전달하는 방법, 즉 '문장 다이어트'에 대해 알아보자.

문장 다이어트의 공식:
의미는 나누고, 중복은 빼고, 강조는 더한다

"이제 OECD 국가 중 자살률 1위라는 건 놀랍지도 않을 만큼 우리가 개인의 행복이라는 걸 별로 중요하지 않게 여기지 않았나 하는 생각이 들어서 오늘은 제가 어떻게 하면 행복하게 하루하루를 살아갈 수 있을지 오랫동안 고민하고 생각해온 내용을 여러분께 말씀드려 보려고 합니다."

이 문장을 읽었을 때 뭔가 불편하게 느껴진다면 문장의 길이와 의미의 무게 때문일 것이다. 그나마 글로 읽었을 때는 크게 무리가 되지 않지만 말로 들을 때는 절반 이상이 날아가 버린다. 사실 이 문장은 우리 대부분이 평소 말하는 모습이기도 하다.

이 장황한 문장을 요약하려면 어떻게 해야 할까? 하나의 문장이지만 의미로 보면 세 가지로 나눌 수 있다. '우리나라는 몇 년째 OECD 국가 중 자살률 1위다. / 왜냐하면 일상에서 사람들은 행복을 중요하게 생각하지 않기 때문이다. / 그래서 일상에서 행복을 찾는 방법에 관해 이야기해보겠다.'

앞서 한 번에 하나의 메시지를 담으라고 했던 것처럼, 문장을 줄일 때 가장 먼저 해야 할 일은 문장 하나를 의미 단위별로 짧게 나누는 것이다.

문장을 짧게 나눠 쪼갰다면 이제는 쪼갠 문장을 더 가볍게 만들어보자. 중복되는 내용을 지우고 쓸데없이 늘어지는 군더더기를 정리한다.

오랫동안 고민하고 생각해온 → 오래 고민해온

말씀드려 보려고 합니다 → 말씀드리겠습니다, 이야기하겠습니다

긴 문장을 나누고 가지치기까지 완료했다면 이제는 말을 하기 위한 나누기를 할 차례다. 문장을 읽을 때 문장 안에서도 호흡을 쪼개어 읽어야 한다. 내가 숨 쉴 곳을 찾는 것이다. '아버지가 방에 들어가신다 vs 아버지 가방에 들어가신다'라는 저 유명한 예문을 통해 이미 우리는 띄어쓰기의 중요성을 잘 알고 있다. 바로 이처럼 이제는 글이 아닌 말에도 호흡으로 띄어쓰기를 해주는 것이다.

호흡을 나누는 기준은 문장에 따라 달라질 수 있지만, 일반적으로 주어와 술어의 사이, 의미의 단위, 강조하고 싶은 내용, 이 세 가지 기준에 따라 나눈다.

제가 오늘 나누고 싶은 이야기는 어떻게 하면 행복하게 살 수 있는가입니다.

→ 제가 오늘 나누고 싶은 이야기는 ∨ 어떻게 하면 행복하

게 살 수 있는가입니다.

→ 제가 오늘 나누고 싶은 이야기는 ∨ 어떻게 하면 ∨ 행복
하게 ∨ 살 수 있는가 ∨ 입니다.

이처럼 문장과 호흡을 쪼개면 전달력을 높이는 것뿐 아니라 중요한 내용을 쉽게 강조할 수 있다.

문장과 호흡의 정비와는 상관없이 말을 늘리는 또 다른 요인은 긴장감이다. 발표자가 많이 긴장하면 떨리는 순간의 적막함을 메우기 위해 주절주절하면서 굳이 하지 않아도 되는 말을 붙이게 된다. '어, 근데, 이게, 여기, 저기, 음, 말씀드렸듯이' 같은 불필요한 소리로 전체적인 문장의 길이를 늘리는 것이다.

불안감은 사람마다 다른 형태로 나타날 수 있다. 무의식적으로 나오는 버릇을 파악하고 싶다면 주변 지인에게 물어보는 것도 방법이다. 내가 긴장할 때 무의식적으로 어떤 말들을 내뱉는지 살펴보고 이를 새로운 습관으로 채워보자. 의미 없는 추임새 대신 호흡 구간을 길게 두고 한 박자 쉬어가거나, 말 대신 잠시 옅게 미소를 머금는 등 잠시 긴장을 풀고 쉬어갈 수 있는 나만의 새로운 습관을 만드는 것이다. 가볍게 한 손으로 주먹을 말아 쥐는 것도 좋다. 이 방법은 손을 많이 움직이거나, 다리를 떠는 등 몸으로 나타나는 증상을 줄일 때도 도움이 될 수 있다.

혹시 매번 발표 시간이 모자라 시간을 넘기기 일쑤라면 불필요한 말을 덧붙이는 습관이 있는 건 아닌지 점검해보자. 대개 비

슷한 의미의 말을 늘어놓는 경우가 많을 것이다. 이때는 같은 내용끼리 모아 한 문장으로 정리해 말해본다. 내용의 덩어리가 아무리 크더라도 두 문장 안에 들어오게끔 요약해야 한다. 파워포인트로 발표 자료를 작성할 때도 한 슬라이드당 한두 가지 메시지만 남긴다는 생각으로 쓰는 것이 좋다.

자르지 말고 덜어내라

그런데 그저 짧게만 줄여서는 안 된다. 한 장으로 줄인다는 것은 '있습니다'를 '있음'으로 자르는 것이 아니다. 상대적으로 중요하지 않은 것을 덜어낸다는 뜻이다. '간결하다'에 가깝다고 볼 수 있다. 무려 300장을 한 장으로 줄이려면 한 칸이 아쉽기 마련이다. 굳이 쓸 이유가 없는 단어에는 한 칸도 내줄 수 없다.

프레젠테이션의 말도 바로 이 한 장짜리 보고서와 같다. 주어진 1분 1초가 귀한 만큼 안 해도 그만인 말이라면 굳이 할 필요가 없다. 반대로 정말 중요한 말이라면 계속 반복해야 한다. 말하는 편에서는 한 번 했던 말을 또 하면 지겹지 않을까 싶겠지만 듣는 사람은 한 번 들은 것을 바로 기억할 만큼 귀 기울여 남의 이야기를 듣지 않는다. 하지만 그렇다고 정말 100퍼센트 똑같이 반복하면 지겨울 수 있으니, 유사한 표현으로 돌려막는 전략도 쓰면서 청중의 머릿속에 메시지를 각인시켜야 한다.

만일 프레젠테이션 현장에서 시간제한이 없다면 청중의 반응에 따라 더 많은 사례를 들기도 하고 워딩 하나하나에 크게 신경 쓰지 않을 것이다. 하지만 주어진 시간이 줄어들수록 더 많이 고민하고 준비가 힘들어진다. 정말 중요한 이야기인지, 청중이 궁금해할 이야기인지라는 기준으로 단어 하나까지 다시 생각한다. 프레젠테이션에서 시간제한이 없는 경우는 거의 열에 한 번 있을까 말까 할 정도이니 실제로는 늘 고민하고 준비해야 한다.

프레젠테이션을 준비하고 최종 발표에 오르는 과정은 수백 장의 보고서를 단 한 장에 담는 것과 다르지 않다. 전체 내용을 다 숙지하고 있다는 전제하에 발표자는 직접 엄선한 엑기스를 중심으로 말의 우선순위를 매겨야 한다. 하나 마나 한 쓸모없는 말은 과감히 버리고, 중요한 말은 유의어 사전을 뒤져서라도 계속 반복한다.

짧지만 강렬한 연설로 종종 회자되는 윈스턴 처칠은 학생들을 대상으로 한 연설에서 '굴복하면 안 된다', '절대로', 이 두 문구를 수차례 반복하며 말을 마친 적도 있다.

> "이것이 교훈입니다. 여러분, 절대 굴복하지 마세요. 절대, 절대, 절대, 절대로! 대단하든 하찮든, 크든 작든 명예와 분별력에 대한 확신이 있는 것이 아니라면 절대로 포기하지 마십시오."

누구나 들어봤음직한 유명 연설문의 문장들도 크게 다르지 않다. 간결하고 분명한 말은 시간과 공간을 넘어서는 힘이 있다.

'-요' vs '-다'

말할 때 중요한 것 중 하나가 상대방의 예측 가능성을 높여주는 일이다. 물론 내용의 예측 가능성을 높이는 것은 안 좋다. 결말이 예상되는 영화는 누구도 보고 싶어 하지 않으니 말이다. 그런데 그에 못지않게 언제 끝날지 모르는 영화를 보는 것도 고역이다.

여기서 말하고자 하는 건 내 말이 언제 끝나고 언제 다시 시작될지 청중이 예측할 수 있도록 해야 한다는 것이다. 간혹 맺고 끊음이 없이 말이 계속 이어지는 경우가 있는데, 여간 듣기 힘든 게 아니다. 내용이 머릿속에 들어오지 않는 건 두말할 필요도 없다. 언제 쉬고 언제 다시 시작할지 조마조마하며 듣느라 도통 내용이 이해되지 않는다. 계속해서 '그런데요', '했는데요', '그랬는데요' 하며 늘어진다.

하나의 글은 각각의 문장과 문단으로 나뉜다. 이처럼 말도 끊을 때는 확실히 끊어줘야 한다. '했다', '생각한다', '해야 한다'와 같이 '-다'로 끝낸다. 그나마 글에는 마침표라도 있지만 말에는 그런 게 없다. 종결어미 없는 말을 듣는 건 하나의 문단으로 이뤄진 한 권의 책을 읽는 것과 비슷하다. 확실한 종결어미로 가상의 마침표를 만들어야 한다.

또한 '아까도 말씀드렸지만', '아시겠지만', '일반적으로', '있잖아' 등 불필요한 말 습관은 빨리 고치자. 발표 중에 같은 말을 반복하는 이유는 긴장한 탓도 있겠지만 평소의 말 습관 때문이다. 공식적인 말하기 자리가 아니라도 사람들은 저마다 자주 쓰는 말이 있다. '음', '아', '저기' 같은 소리도 그렇다. 이런 말버릇은 무의식중에 문장 사이에 붙는 군살이 된다. 특별한 의미가 없는 말과 소리가 덧붙으면 문장은 길고 무거워질 뿐이다. 내용이 아무리 훌륭해도 발표를 잘한다는 칭찬을 듣기는 쉽지 않다. 불필요한 말 습관은 빨리 버리고, 정적의 순간을 무의미한 말로 채우는 대신 침묵하는 인내를 기르도록 하자.

발표 시간이 부족하게 느껴지는 사람은 발표문에서 같은 내용끼리 모아 한 문장으로 줄여본다. 내용의 덩어리가 크더라도 두 문장 안에는 모두 들어와야 한다. 발표 자료 슬라이드에 문장을 작성할 때도 마찬가지로 한 장에 한두 가지 메시지만 남긴다는 생각으로 요약한다.

가장 좋은 소리는 내 목소리다

프레젠테이션을 잘하기 위해 목소리가 특별히 좋아야 하는 것은 아니지만 듣기 좋은 목소리는 있다. 보통 음계의 '솔' 톤이 듣기에 편안하다고 한다.

하지만 각자 타고난 목소리를 바꾸기는 굉장히 어려울 뿐 아니라 억지로 정형화된 소리를 내려면 목에 부담을 주어 오히려 불편하게 들릴 수 있다.

누가 들어도 좋은 목소리가 있는 것은 분명하지만 그게 꼭 내게도 잘 어울리는 건 아니다. 목소리에 너무 집착할 필요는 없다. 바꿀 수 없는 걸 바꾸려고 아등바등하느니 변화할 가능성이 큰 부분에 시간을 쓰는 편이 더 낫다고 생각한다. 선택과 집중이 필요한 셈이다.

때론 단점이 가장 큰 장점이 된다

나 역시 일반적인 여성들에 비해 중저음의 목소리라서 꽤 스트레스를 받았던 적이 있다. 좀 더 경쾌하고 까랑까랑한 맑은 소리를 내고 싶어서 고음으로 말하는 연습을 수십 차례 반복했다. 하지만 결국은 목에 무리가 가서 목만 따갑고 아플 뿐이었다.

그런데 어느 날 내 목소리는 갑자기 좋은 소리가 됐다. 우연히 내 목소리의 장점을 새롭게 발견한 것이다. 업무 전화를 하고 있을 때였다. 당시 나는 입사한 지 3개월쯤 되었고 통화하는 상대는 처음 연락하는 회사의 부장급이었다. 긴 업무 통화가 끝날 즈음 상대는 정중한 목소리로 이렇게 물어왔다.

"그런데 혹시 직급이 어떻게 되시지요?"

신입사원이라고 답하자 그는 깜짝 놀라면서 목소리가 너무 성숙해서 직급이 높은 줄 알았다고 했다. 그러면 나이 들어 보이는 목소리냐며 기분이 상할 사람도 있을지 모르겠지만, 나는 긍정적으로 받아들였다. 아무리 논리적이고 이치에 맞는 이야기라도 아이처럼 말했다면 신뢰할 수 없었을 테고 바로 상급자를 바꿔 달라고 했을지 모른다. 하지만 낮은 톤의 내 목소리가 신뢰감을 주었다니 기뻤다. 굳이 목소리 때문에 콤플렉스를 느낄 필요가 없었다. 내 목소리는 나만의 특별함이 될 수 있으며 단점이 오히려 장점이 될 수 있다는 사실을 알게 되었다. 그리고 이런 내 목소리를 활용하는 방법도 터득했다.

낮고 무게감이 있는 목소리는

- 신뢰감을 줄 수 있다
- 오래 들어도 덜 피로하다

지루하고 늘어지거나 지겨울 것 같을 때는

- 조금 빠르게 말해서 속도감을 준다
- '~습니다'보다는 '~요'처럼 부드러운 어미를 사용한다

반대의 경우도 마찬가지다. 너무 가늘고 높은 목소리라면 말의 속도를 줄이고 정제된 어미 처리로 단점을 보완할 수 있다.

발표자의 목소리는 메시지를 전달할 때 적지 않은 영향을 주는 요소지만 그 영향조차 모두 제각각이다. 그러니 누군가의 소리를 따라 하려 하지 말고 내 소리의 장단점을 따져보고 단점은 목소리 외의 다른 부분들로 상쇄시키자. 제아무리 비싸고 좋은 옷이라도 체형이나 스타일에 따라 어울리는 사람이 다르듯 가장 좋은 목소리는 내게 편하고 잘 맞는 소리다.

좋은 목소리에 대한 오해는 그만

즐겨 보는 유튜브 채널이 있는가? 왜 좋아하는지 이유를 한번 떠올려보자. 혹시 채널 운영자의 목소리가 어느 정도 영향을 끼쳤

는가? 아마 기억도 잘 나지 않을 것이다.

소설이라고 해서 꼭 미문으로 쓰여야 하는 것은 아니며, 영화라고 해서 반드시 영상미가 있어야 하는 것은 아니다. 문장은 다소 투박하더라도 서사 중심의 소설이 있을 수 있고, 영상미는 조금 떨어지더라도 메시지나 구성이 좋은 영화가 있을 수 있다. 그러니 목소리에 너무 부담을 갖지 않도록 하자.

유명한 강연자일수록 저마다의 스타일이 분명하다. 도올 김용옥 선생은 특유의 목소리와 끝으로 갈수록 말을 흘리는 특징이 있다. 일반적으로 생각하는 좋은 목소리라는 기준에서 벗어난 소리다. 하지만 그의 강연이 독보적인 것은 콘텐츠와 개성이 강하기 때문이다. 어떤 유명 강사는 속삭이는 듯 작고 낮은 목소리로 말하기도 하고, 또 어떤 강사는 정반대로 거칠고 빠르게 말한다. 어차피 말하기에 목소리가 큰 영향을 주지 않는다면 나만의 색깔을 갖는 것도 전략이 될 수 있다.

"

밥처럼 끝까지
꼭꼭 씹어 삼키며 말하라

꼭꼭 씹어서, 천천히, 꿀꺽! 어린아이들이 밥 먹을 때 많이 듣는 말이다. 대충 씹어 꿀꺽 넘기면 소화가 안 되거나 탈이 나기 마련이다. 그런데 말의 전달력을 높이는 방법도 제대로 밥 먹는 것과 같다. 똑같은 말을 해도 유독 귀에 잘 들리거나, 매우 빠르게 말하는 것 같은데도 정확하게 들리는 사람들을 보면 단어 하나, 음가 하나 그냥 넘어가지 않는다. 즉 얼마나 정확한 발음을 하느냐의 문제다.

소리가 무너지지 않으려면 글자를 하나씩 잘근잘근 씹어 넘긴다는 느낌으로 말해야 한다. 처음에는 부자연스러울 정도로 또박또박 천천히 끊어 읽는 것으로 시작한다. 이때는 소리를 정확히 내는 것이 중요하기 때문에 특히 쌍자음(ㄲ, ㄸ, ㅃ, ㅆ, ㅉ)과 모음을 정확하게 발음하는 연습을 해야 한다. 그리고 모음 중에서도 소리 내기 힘든 복모음(ㅘ, ㅟ, ㅚ, ㅙ, ㅞ) 등은 더욱 주의해야 한다. 충분히 연습해서 모든 소리를 정확하게 낼 수 있으면 그때부터 조금씩 속도를 붙여가자.

끝까지 마무리하지 못하면
90이 아니라 0이 된다

발음을 연습할 때 입에 볼펜을 물고 연습하는 경우가 있는데, 특별한 이유가 있거나 더 편하게 느껴지는 게 아니라면 권하고 싶지 않다. 그냥 연습해도 잘하기가 쉽지 않은데 입에 무언가를 물어서 더 불편한 상황을 만드는 것은 별로 도움이 되지 않는다. 연습은 최대한 실전 상황과 비슷한 환경에서 해야 한다. 이때 연습으로 읽을 내용은 무엇이라도 상관없지만, 방송 뉴스 원고처럼 잘 정돈되고 호흡이 짧은 문장으로 이뤄진 글로 연습하는 것이 좋다.

소리를 꼭꼭 씹어서 정확히 냈다면 이제는 끝까지 제대로 삼켜야 한다. 이는 앞서 음가를 정확히 짚어 말하는 연습을 했다면 대부분 자연스럽게 해결되는 부분이다. 소리를 끝까지 삼켜야 한다는 건 볼륨을 끝까지 유지하는 것이다. 특히 면접을 볼 땐 이것만 잘해도 반은 먹고 들어간다고 할 수 있다.

"저는 잘할 수 있습니다!"

마지막까지 힘을 주어 정확하게 소리를 내보자. 극단적으로 말하면 마지막의 '다!'만 확실히 들려도 자신 있고 확신에 찬 이미지를 줄 수 있다.

반대로 힘이 없고 자신감이 없어 보이는 말하기를 잘 들어보면 뒤로 갈수록 바람 빠진 풍선처럼 소리도 작고 기운도 없어진다. 말만 흐려지는 게 아니라 말하는 사람까지도 흐리멍덩한 이미지로 보인다.

"저는 잘할 수 있다고 생각합니다…"

문장 끝만 또렷하게 발음해도 전체 문장이 깔끔하고 분명하게 들린다. 실제 면접 사례에서도 '-습니다' 부분만 제대로 발음하면 훨씬 자신감 있는 인상을 준다고 한다. 말을 시작했으면 마지막까지도 깔끔하게 매듭을 지어줘야 한다. 소리 하나하나 정성을 들여 꼭꼭 씹어 말하자. 끝까지 확실하게 잘 삼켜서 말하는 것만으로도 전달력의 기본은 완성된 셈이다.

내 입에 찹쌀떡같이 달라붙는 말

예전에 '안녕하십니까?'를 100번 가까이 연습했던 적이 있다. 그날따라 유독 발음이 꼬였을 수도 있지만 '안녕'의 니은 받침이 이어지는 부분이 정확하게 발음이 안 되면서 앙녕, 앙영 등 연습할수록 어색하게 들렸다. 결국 '반갑습니다'로 인사했던 기억이 있다. 늘 그런 것은 아니지만 이처럼 누구나 입에 잘 붙지 않는 말들이 있다. 심지어 말을 잘한다는 아나운서들도 '확률분포표, 관광공사, 법학박사' 등 유독 잘 안 되는 발음이나 단어가 있다고 한다.

애초에 발음하기가 어려운 단어들도 있다. 또한 말투나 표현이 나와는 너무 어울리지 않아서 부자연스러운 말도 있다. 발음이 어렵긴 하지만 대체 불가능한 고유명사거나 필수적인 어휘라면 해당 부분에서 천천히 말하거나 앞뒤에서 충분히 쉬어주는 방법으로 보완할 수 있다. 하지만 발음 자체가 어렵고 입에 잘 붙지 않아서 자꾸만 돌부리에 걸리듯 넘어지고 방해가 된다면 과감하게 바꿔야 한다. 그리 어려운 일도 아니다. 비슷한 의미의 다른 말로 바꾸면 그만이다.

예를 들어 '녹록지 않습니다'라는 문장에서 '녹록지'의 발음이 잘 안 되어서 자꾸만 신경이 쓰인다면 '쉽지 않습니다', '어렵습니다' 같은 비슷한 표현으로 바꾸는 것이다. 발음이 잘 안 되는 말은 계속 연습해도 나아지기 어려운 경우가 많다. 다른 걸 연습할 시간만 줄어들 뿐이다. 정말 예외적인 상황이 아닌 이상 특정 표현이 아니면 안 되는 경우는 거의 없다. 특히 우리말은 단어나 표현이 풍부해서 다른 말로도 쉽게 대체할 수 있다. 오히려 그 과정에서 더 이해하기 쉬운 좋은 문장이 될 가능성도 있다.

나에게 어울리는 언어를 입어라

어투와 표현도 마찬가지다. 나의 이미지와 목소리 톤은 매우 진지하고 근엄해서 해요체가 어울리지 않는다면 굳이 고집할 필요가 없다. 나와 잘 맞는 표현으로 자연스럽게 바꾸도록 하자. 예를 들면 '건강도 잘 챙기세요!' 대신에 '건강도 잘 챙기시길 바랍니다', '건강하게 지내시면 좋겠습니다', '건강관리에 유의하십시오' 등 얼마든지 다르게 말할 수 있다. 단기간에 프레젠테이션을 준비하거나, 발표에 아직 익숙지 않아 원고에 의존하는 비중이 높을 때 특히 유용한 방법이다.

원고에 쓰인 문장을 그대로 읽었을 때 어색하게 들리는 것은 '~습니다', '~했는데요' 같은 어미 때문인 경우가 많다. 텍스트로 쓴 문장들은 일반적이고 정형화된 형태이기 때문에 실제 내가 말할 때의 특징까지는 모두 담지 못한다. 그래서 원고를 써서 읽으면 평소의 내가 말하는 것 같지 않고 남의 옷을 빌려 입은 것처럼 어색하다. 그 표현이 아니면 절대로 안 되는 경우만 제외하면, 내게 찰떡같이 달라붙어 가장 편한 말로 하는 것이 발표 자체의 부담과 긴장을 낮춰준다.

원고를 쓰더라도 소리 내어 여러 번 읽어보고 내 말이 아닌 것 같다 싶으면 입에 붙을 때까지 바꿔보자. 계속해서 반복하다 보면 내게 최적화된 자연스러운 표현들이 모이고 그것들이 쌓여서 나만의 레퍼토리가 된다.

귀에 콕 꽂히는 말하기 비법

똑같은 말이라도 더욱 잘 들리는 소리가 있다. 사람마다 목소리나 음색이 달라서가 아니라 말하는 방법이 달라서다. 기본적으로 말하는 데 큰 문제가 없다면 전달력을 높일 수 있는 몇 가지비법이 있다. 작은 차이지만 조금만 신경 쓰면 듣는 사람의 귀에내리꽂히듯 분명하게 말할 수 있다.

전달력을 가르는 작은 차이

길고 짧은지는 입으로 내뱉어봐야 안다?

"위대하신 수령 동지께서…"로 시작하는 북한 뉴스 앵커의 독특한 말투는 아마 한 번쯤은 따라 해본 적이 있을 것이다. 무슨 말인지 이해는 하지만 따라 말해보려면 너무 오버하는 게 아닌가 싶을 정도로 무척 어색하다. 선으로 그려보자면 '↗↘↗↘' 모양으로 오르락내리락하는 패턴이 반복된다. 마치 중국어처럼 성조가 있는 것 같다. 놀랍게도 본래의 우리말에는 이런 성조가 있었다고 한다. 하지만 지금 우리가 쓰는 말은 '→→→'와 같이 평탄한 형태로 높낮이의 변화가 그리 크지 않다. 억양의 변화뿐 아니라 소리의 볼륨까지도 다르다. 무엇보다 가장 결정적인 차이는 소리 하나하나의 길이다.

굳이 쓰지도 않는 북한말까지 꺼낸 이유는 바로 학교에서 책으로 배운 우리말의 '장단음' 때문이다. 더 엄밀히 말하자면 '고저장단', 즉 말의 높고 낮음과 길고 짧음에 대해 말하고 싶어서다. 실제 우리말에서 소리의 높고 낮음은 거의 흔적이 남아 있지 않지만, 길고 짧은 소리의 구분은 지금도 남아 있고 그로 인해 의미가 달라지기도 한다. 예를 들면 초등학교 때 배운 '밤', '말', '눈', '배' 같은 단어가 그렇다.

사실 우리는 소리의 길이를 듣고 안다기보다는 문맥을 보고 판단하지만 말의 높낮이는 아직 우리말에서 중요한 부분이다. 국어사전에서는 ':'로 표시된다. 일정하게 쭉 말하는 것보다 높낮이, 그중에서도 특히 장음을 잘 살려서 말하면 의미가 더욱 강조되고 듣는 사람을 집중시킨다.

"오늘 새벽 산간 지방을 중심으로 눈:이 많:이 내릴 예:정
입니다."

이 문장을 평소처럼 말하듯 읽어보자. 그런 다음 장음으로 표시된 부분을 신경 써서 조금 길게 읽어보자. 확실히 비교될 것이다. 그것도 이 문장에서 가장 중요한 키워드인 '눈이', '많이', '예정'이 더욱 강조되는 효과가 있을 것이다.

숫자를 말할 때 장음의 효과는 더욱 크다. 주식 시황이나 단위가 긴 금액을 말할 때 장음을 살리면 깔끔하고 분명하게 전할 수 있다. 숫자는 2, 4, 5가 장음으로 처리된다.

> "코스피는 전 거래일보다 27.87포인트 내린 3,049.75에 장을 마쳤습니다."
> "코스피는 전 거래일보다 이:십칠쩜 팔칠 포인트 내린 삼천 사:십구쩜 칠십오:에 장을 마쳤습니다."

말에도 밀당이 있다고?

말의 빠르기를 조절하는 방법으로, 전문용어로 하면 '완급조절'이다. 의미의 중요도나 성격에 따라 한 문장 안에서도 속도의 느리고 빠름에 변화를 주는 것이다.

> "오늘 이곳에 있는 많은 지원자가 지금까지 잘 준비해온 사람들이었다면 저는 준비를 마치고 바로 시작할 수 있는 사람입니다."

말하기가 능력이 될 때

위 문장에서 핵심은 '나는 지금 당장 실무를 할 수 있는 사람'이라는 것이다. 아마 뒤이어 나올 문장에서는 타 지원자와 차별화되는 다양하고 풍부한 경험과 경력 사항 등이 언급될 것이다. 본격적인 이야기를 시작하기 전 문을 여는 첫 문장에 해당한다.

위 문장은 내용상 두 개로 쪼갤 수 있다. 다른 사람들과 나의 이야기를 대비하는 것이다.

> "오늘 이곳에 있는 많은 지원자가 지금까지 잘 준비해온 사람들이었다면 /
> 저는 준비를 마치고 바로 시작할 수 있는 사람입니다."

앞의 내용은 뒤에 나올 핵심 내용보다 별로 중요하지 않기에 빨리 흘러가도 된다. 뒤에 나올 내 이야기를 더 드러나게 하기 위한 장치이기 때문이다. 따라서 다음 내용인 '저는…'부터 분위기에 반전을 주어야 한다. 속도를 줄여 '저.는'을 발음하고 한 번 틈을 둔 뒤 '바로 시작할 수 있는'에서 다시 한번 천천히 강조해서 되짚어 준다. 마치 악보에 표시된 악상기호처럼 '느리게 〈 조금 느리게 〈 보통 빠르기로 〈 조금 빠르게 〈 빠르게'를 문장에 접목하는 것이다. 중요한 내용에서 속도를 줄여 천천히 말하면 청중을 집중시키는 효과가 있다.

'강약중강약'으로 말의 볼륨 조절하기

말의 빠르기와 같이 중요한 내용을 강조하는 방법으로 '볼륨'이 있다. 소리의 크고 작음으로 대부분은 빠르기와 함께 사용된다. 공포 영화나 반전이 있는 스토리를 설명할 때 더욱 극대화되는데 주로 장면의 전환이 있을 때 사용된다.

"그런데…, 그때!"

"혹시 어떤 분은 제 이야기가 '정말 가능할까?' 하는 생각이 드실 수도 있어요. **자, 그래서! 보여드릴게요!**"

이는 타악기를 두드릴 때 강약중강약으로 소리의 세기를 조절하는 방식과 같다. 볼륨을 줄이는 경우는 거의 없고 보통 세기로 말하다가 중요한 내용으로 바뀔 때 조금 더 크게 말해서 사람들을 집중시킨다.

프레젠테이션을 아무리 훌륭한 문장들로 채웠다고 해도 제대로 살려서 말하지 못하면 전달력이 떨어지고 지루한 발표가 된다. 좋은 문장을 구사하는 것도 중요하지만 발표자는 어느 정도 연기와 연출을 할 필요가 있다. 드라마의 대사가 배우들의 연기력으로 살아 움직이는 말이 되듯이 말이다. 단 어색한 연출은 안 하느니만 못하다. 억지로 사람들을 웃기려고 하거나 무리하게 반응을 유도하려 하거나, 혼자 흥에 겨워 웃으며 말하지 않도록 하자. 프레젠테이션을 잘하는 것처럼 보이기 위해 처음부터 연기에 욕심낼 때 주로 이런 실수를 하게 된다.

무리해서 많은 것을 하려 하기보단 말의 '길고 짧음', '느리고 빠름', '크고 작음', 세 가지만 제대로 살리면 전달력은 200퍼센트 오를 수 있다. 물론 이런 말하기 스킬이 만병통치약은 아니다. 위의 방법들은 전달력을 높이는 데 분명 큰 도움이 되지만 어떤 지점에서 어떻게 활용하느냐에 따라 효과가 달라질 수 있다. 그다지 중요하지 않은 내용에서 불필요하게 말의 속도를 줄이거나 소리를 키운다면 청중에게 피로감만 줄 뿐이다. 스킬은 공식처럼 대입하는 것이 아니기 때문에 내용을 충분히 숙지해야 똑똑하게 써먹을 수 있다.

> ## 이 부장의 실전 말하기 꿀팁

속도와 억양도 사전에 계획하라

앞서 말한 말의 빠르기나 억양 조절은 내용을 강조하고 싶을 때 쓰인다. 발표를 준비할 때 특히 힘주어 말하고 싶은 단어나 구절이 있다면 형광펜 등으로 미리 체크해두자. 실전에서 중요하다고 생각했던 내용을 놓치는 실수도 줄일 수 있고, 일정한 목소리로 계속 이어지는 발표에 지루해진 청중의 관심을 끌 수 있다.

최고의 말하기 선생님, 쇼호스트

프레젠테이션이 끝나고 마치 홈쇼핑을 보는 것 같았다는 얘기를 들으면 그날은 꽤 잘했구나 싶은 생각이 든다. 세상에 수많은 달변가가 있지만 프레젠테이션을 잘하기 위해서는 쇼호스트만 한 롤모델이 없다. 홈쇼핑에서 쇼호스트가 말하는 걸 보고 있노라면 "어머, 이건 사야 해!" 하며 욕망이 샘솟고, 사지 않으면 다시 없을 기회를 눈앞에서 놓친 어리석은 소비자가 될 것 같은 느낌이 마구 든다.

홈쇼핑 방송 한 편당 수천, 수억의 매출이 오가니 쇼호스트의 한 마디를 값어치로 매긴다면 시간당 가장 비싼 말이 아닐까. 사람이 하는 여러 종류의 이야기 중에 시간 대비 가장 즉각적으로 변화를 만들어내는 강력한 말이기도 하다.

이런 이유로 나 역시 프레젠테이션을 주업으로 시작할 때 홈쇼핑 방송을 마치 배경음악처럼 틀어놓곤 했다. 정해진 시간 내에 분명한 목적을 가지고 상대방의 마음을 움직여야 한다는 점에서 쇼호스트의 말하기는 프레젠테이션과 닮은 점이 무척 많다. 프로들의 말하기를 금방 배워서 써먹기에는 시간이 오래 걸리니, 여기서는 우리에게는 있고 그들에게는 없는 것을 지우는 것부터 시작해보자.

쇼호스트의 말하기에는 네 가지가 없다

1. 그냥 하는 말이 없다

쇼호스트가 하는 말에는 별 의미 없이 내뱉어서 묻혀버리는 이야기가 없다. 모든 말에 이유가 있고 미리 준비한 전략이 있다.

홈쇼핑 방송에서는 처음부터 판매할 상품을 들이밀지 않는다. 물론 제품의 성격에 따라 다르긴 하지만 보통은 구매의 필요성을 느낄 만한 이슈, 트렌드, 시즌 등과 관련된 이야기를 가볍게 건넨다. 본격적으로 판매할 상품을 소개하기 전에 전 "음, 궁금하시죠?", "와! 저도 놀랐는데요" 같은 문장의 '음', '와' 등은 특별히 의미는 없지만 시청자들의 관심이나 기대를 높이기 위한 말이다. 마치 연말 시상식에서 수상자를 발표하기 전에 뜸을 들이는 것과도 비슷하다.

앞서 지적했듯이 프레젠테이션에서 습관적으로 하게 되는 '음', '어', '그', '저기' 같은 말들은 나의 시간을 빼앗아 가면서도 아무런 역할을 하지 않는다. 하지만 왜 여기서 이 말을 해야 하는지에 대한 전략이 있다면 다르다. 머뭇거리며 빈 시간을 채우는 '음'과 화제를 전환하고 이목을 집중시키기 위해 중간에 휴지(pause)를 두는 "음, 여러분, 왜 다들 그런 경험 있잖아요"에서의 역할은 다르다는 말이다. 말 한 마디에 매출 몇천만 원이 오간다고 생각하면 이유 없이 그냥 하는 말은 있을 수가 없다. 취업 면접, 사업의 수주, 새로운 기회를 위한 프레젠테이션에서도 마찬가지다.

2. 겉멋이 없다

쇼호스트들 대부분이 겉모습은 멋있다. 그러나 말은 멋 부리지 않는다. 흔히 있어 보이기 위해 늘어놓는 화려한 수사나 어려운 말들을 늘어놓지 않는다. 우리가 일상에서 듣고 쓰는 편하고 일상적인 말이 대부분이다. 판매 상품에 따라 전문용어 사용이 불가피할 때도 있지만 그때조차도 최대한 쉽게 풀어서 설명한다. 누구나 금방 알아들을 수 있어야 하기 때문이다.

단어나 어휘만 쉬운 것이 아니라 이야기의 소재도 그렇다. 우리가 살면서 한 번쯤은 겪어봤을 법한 소소한 일상을 예로 들기도 하고, 자신이 실제로 겪은 경험을 공유하면서 공감대를 자아내기도 한다.

흔히 말하는 사람이 힘들다고 생각하지만 사실 듣는 일이 더 힘들다. 남의 말을 5분 이상 집중해서 듣는 건 웬만한 집중력과 관심이 있지 않으면 꽤 어려운 일이다. 심지어 번지르르하게 잘 꾸미고 나와서 멋있는 척을 하며 멋있어 보이려는 이야기만 한다면 비호감만 살 뿐이다. 누군가가 내 말에 귀 기울이게 하려면 상대의 엄청난 인내심과 희생을 요구하지 않고, 편안한 마음으로 들을 수 있도록 대접하는 마음으로 다가가야 한다.

3. 들리지 않는 말이 없다

듣고는 있지만 들리지는 않는 말이 있다. 귀를 스쳐 지나가서 뭐라고 하는 건지 도통 알 수 없는 말들은 몇 가지 패턴이 있다. 웅얼웅얼하거나, 소리가 너무 작거나, 문장이 너무 길거나, 일정한 속도와 높이를 유지하는 말들이다.

그런데 신기하게도 쇼호스트들의 이야기는 특별히 신경 써서 귀를 기울이지 않아도 잘 들린다. 귀에 내리꽂히는 듯한 그들의 말은 그냥 흘러가 버리지 않는다. 의미 하나하나에 정성을 쏟아 꼭꼭 씹어먹듯 정확하게 말하는 스킬도 있지만, 무엇보다 그들의 말하기는 잘 들릴 수밖에 없는 음악적 요소가 담겨 있다.

쇼호스트들의 말은 하나의 음악 작품처럼 기-승-전-결의 구조가 있다. 세부적으로는 말의 빠르기와 목소리의 세기, 의미의 중요성에 따른 악센트와 쉼표까지 녹아들어 있다. 전략을 아무리 잘 짜고 내용이 좋아도 전달력은 또 다른 차원의 일이다. 발표 내용에 특별한 문제가 없는데 사람들이 잘 듣지 않는다면 녹음해서 위의 요소들을 한번 점검해보자.

4. 시청자만 있고 자기 자신이 없다

많은 사람 앞에 서면 떨리고 주눅이 들기 쉽지만 반대의 경우도 있다. 모두가 나만을 주목하고 나만이 발언권을 가지면 내가 주인공이라는 자아도취에 빠질 수 있다. 내가 중심이니까 모든 게 나를 위주로 돌아간다고 생각하는 것이다. 하지만 청중은 발표자가 자기 하고 싶은 말만 하고 있다는 걸 이미 안다. 내가 원해서 내 의지로 듣는 것이 아닌 이상, 기본적으로 사람들은 누가 자신을 가르치려 한다는 느낌을 그다지 좋아하지 않는다.

쇼호스트들은 시청자를 내려다보지 않는다. 듣는 사람을 올려다보고 우선순위에 두는 철저히 리스너(listener) 중심의 말하기를 한다. "이건 이런 겁니다", "이렇게 하시면 안 됩니다", "제가 해보니까 이건 아니에요"라는 일방적인 단호함이 아니라 "이렇게 하면 된다고 생각하실 수도 있지만 불편하실 수 있어요", "이렇게 한번 해보시면 훨씬 좋다고 생각하실 거예요"와 같이 말한다.

이런 표현은 상대방에 대한 배려와 공감 그리고 존경심이 있어야만 나올 수 있는 말이다. 말에 담긴 내용도 시청자들이 제품에 대해 궁금할 만한 것들이 무엇일지 생각하고, 필요하면 직접 써보고 먹어보고 피부에 발라보기도 하면서 경험한 살아 있는 이야기들이다.

이 네 가지를 생각하면서 홈쇼핑을 다시 보면 분명 전과는 다르게 들릴 것이다. 당신의 말하기에서도 이 원칙들을 잘 살릴 수 있다면 쇼호스트처럼 듣는 사람들의 지갑을 여는 것까지는 아니더라도, 집중력이 흐트러지기 쉬운 사람들의 눈과 귀는 붙잡아둘 것이다.

66

상대방의 언어로 말하라

⋮
○

한 TV 프로그램에서 연예인이 외국인과 번역기로 대화하는데, "식사 후에 맛있는 차도 사드릴게요"라고 말했더니 '내가 식사 후에 자동차를 사줄게(I'll buy you a nice car after dinner)'라고 전달된 웃픈 장면을 본 적이 있다. 차(tea) 한 잔이 차(car)로 바뀌어 하마터면 3,000원이 3,000만 원이 될 뻔한 아찔한 광경이었다. 외국어가 아니라 우리말에서도 이런 오해가 생길 수 있다. 식당에서 식사하는 인원수를 일컬어 '식수(植樹)'라고 했는데 마시는 물(食水)로 잘못 받아들여질 수 있다.

언어의 종류를 막론하고 모든 언어는 그 자체만으로 오롯이 존재하지 않는다. 사회, 문화, 역사적 배경과 발화의 상황까지 많은 것이 종합적으로 고려되고 해석된다. 이것이 '맥락'이다. 주로 좋지 못한 일로 뉴스에 등장하는 정치인들의 인터뷰에서 "그런 의도가 아니었다"라는 단골 멘트를 듣곤 한다. 그러나 한번 내뱉

말하기가 능력이 될 때

은 이상 애초에 의도가 무엇이었는지는 누구도 궁금해하지 않는다. 쌍방의 커뮤니케이션이라면 대화로 맥락을 맞추고 오해도 풀어갈 수 있지만, 한쪽에서 일방적으로 말하는 프레젠테이션에서는 오해의 책임도 온전히 발표자에게 있다.

이는 표현이나 말투가 아닌 용어의 선택 문제다. 일반적이고 가벼운 주제가 아니라 특정 분야에 해당하는 깊이 있는 내용이라면 더욱 조심해야 한다. 전문용어, 특정 업계에서 통용되는 고유의 용어들이 있다. 듣는 사람들에게 익숙하고 그들의 세계에서 쓰이는 말이 우선이 되어야 한다.

반대로 나만 알고 있을지도 모르는 외국어나 어려운 표현 역시 조심해서 사용해야 한다. 상대에 따라 의미가 통하지 않거나 과하게 청중을 배려한다고 너무 쉽게 풀어서 설명하면 상대는 자신을 무시한다고 생각할 수도 있다.

듣는 이와 상황에 따른 맞춤형 화법

용어와 표현뿐 아니라 화법도 상대에 따라 바뀌어야 한다. 유치원 선생님과 대학 교수님의 수업 말투는 확연히 다르다. 물론 현실의 프레젠테이션에서는 나이 차이가 크지 않은 성인들이 대부분 청중이 되겠지만, 그 안에서조차 지역, 조직문화, 직책 등을 고려하면 대상에 따라 말이 자연스럽게 달라질 수밖에 없다.

내가 진행했던 프레젠테이션 중 가장 기억에 남았던 청중은 70대 이상의 어르신들이었다. 다른 발표와 가장 달랐던 것은 말의 빠르기였다. 나는 평소보다 속도를 조금 천천히 줄였다. 어투도 부드럽고 친근한 일상의 말로 바꾸었다. '제공해드리겠습니다' 같은 딱딱한 말보다는 '준비해드릴게요', '내어드리겠습니다' 같은 편안한 말로 바꾼 것이다.

현장의 분위기도 사뭇 달랐다. 평소라면 그다지 많지 않을 돌발 상황이 자주 일어났다. 발표 중간에 어르신들이 돌발 질문을 하거나 갑자기 본인의 경험을 말할 때도 있었다. 일반적인 프레젠테이션에서라면 "그 부분은 뒤에서 말씀드리겠습니다. 질의응답 시간이 마련되어 있으니 그때 답변드리겠습니다"라고 빠르게 마무리했을 것이다. 하지만 이때는 이야기를 끝까지 듣고 "아, 그러셨구나!", "그 이야기, 왜 빨리 안 하나 기다리셨죠?"와 같은 공감과 간략한 답변을 한 뒤 "이건 뒤에서 말씀드리려고 준비해놓은 게 있으니까 조금만 기다려주시면 더 자세히 설명해드릴게요"라고 마무리하고 발표를 이어갔다.

글보다 말은 오해를 만들기 쉽다. 그 이유는 말이 담고 있는 내용 때문이 아니라 무언가 불편하고 언짢게 느껴지는 표현, 뉘앙스 때문이다. 글은 쓰면서 몇 번씩 다시 생각하고 고칠 수 있지만, 프레젠테이션처럼 단 한 번의 말하기로 끝날 때는 말하기 전에 중요한 용어나 표현을 정확하게 정리하고 듣는 사람의 입장에서 거슬릴 만한 것은 없는지 반드시 점검해야 한다.

해당 분야의 은어를 은근슬쩍 사용하라

각 분야에는 은어, 이른바 '업계 사투리'라는 것이 있다. 은어는 집단 내 구성원들끼리 통하는 말로 집단의 정체성을 드러내고 결속력을 높인다. 경찰, 언론사, 건설, 부동산 해당 업종별, 기업별로도 다양한 은어가 있다. 심지어 모르는 사람이 들으면 한 마디도 못 알아듣기도 한다. 기본적으로 무언가를 제안하기 위한 프레젠테이션은 동종 업계보다 다른 업계의 회사에서 하는 경우가 많다. 그럴 때 해당 업계에서 쓰는 일종의 사투리를 미리 조사해두었다가 프레젠테이션에서 쓰면 의외로 효과가 있다. 능숙하게 한다면 좋겠지만, 그게 아니더라도 최소한 관심을 표시하는 방법이 될 수 있다. 물론 과하게 아는 척하거나 오버하는 건 금물이다.

66

듣는 이를
아바타로 만들지 마라

부모님이 아이들에게 절대 하지 말아야 할 금기어 중 하나는 "공부해"일 것이다. 원래 공부는 어른이 되어서도 하고 싶지 않은 것인 만큼 공부하라는 말은 아이든 어른이든 듣기 싫어하는 말이다. 그러면 "공부 안 하니?", "공부해야 하지 않을까?"라고 청유형이나 제안하는 말로 바꿔보거나 아주 상냥한 목소리로 물어보면 달라질까?

알겠지만 그렇다고 해서 바뀌는 건 하나도 없다. 우리가 그토록 "공부해"라는 말을 싫어했던 이유는 내가 원해서 하는 행동이 아니기 때문이다. 최악의 상황은 스스로 공부하려고 마음먹고 책상에 앉았는데 그 말을 들었을 때다. 삐뚤어지고 싶은 마음이 마구 샘솟는다. 스스로 공부하려는 나의 자유의지가 꺾여버렸기 때문이다.

이렇게 우리는 명령이나 지시에 따르는 것을 본능적으로 달가

말하기가 능력이 될 때

워하지 않는다. 당연히 부모님이 나를 생각해서 하는 말씀이라는 것도 알고, 가장 가까운 사람이라는 것도 알지만 그래도 듣기 싫은 건 어쩔 수 없다. 심지어 너무나 사랑하는 부모님일지라도 이렇게 싫은데 생판 남이 "공부해!"라는 식으로 말한다면 어떨까? 기분이 나빠지기도 전에 이미 귀를 닫고 동시에 마음도 닫을 것이다.

문장의 주어 자리는 상대방에게 양보하라

혼자 말의 주도권을 갖고 이야기하다 보면 상대의 반응을 제대로 보지 못할 때가 있다. 완전히 자기 자신에게 빠져 '지금 내가 하는 말대로 해야 해', '이게 정답이야'라는 메시지를 말투, 눈빛, 손짓 등 온몸으로 드러낸다. 심지어 발표자 자신은 이런 모습이 프로답다고 믿는다. 그러나 손가락을 뻗어 지적하거나 입꼬리를 삐죽인다거나 강압적인 말투는 상대를 통제하려 한다는 불편한 느낌만 줄 뿐이다. 당당하고 자신감 넘치는 프로의 모습과는 분명 다르다.

듣는 이에게 심리적인 반발을 일으키지 않고 직접 결정하고 움직인다고 믿게 만들어야 한다. 굳이 중요하고 큰 예를 들 것도 없다. 일반적인 전화 통화에서도 쉽게 쓸 수 있다. 가령 "그렇게 하실 거예요?", "그렇게 해주세요"를 "〇〇〇 님이 맡아주시는 거죠?", "그렇게 하시는 걸로 제가 이해하면 되겠죠?"라고만 바꿔도 상황은 180도 달라진다.

즉 행동과 결정의 주체를 내가 아닌 상대방으로 바꿔준다. 상대가 "네, 그렇게 알고 계시면 돼요"라고 허락할 수 있는 권리를 부여해준 것이다. 그저 상대방이 듣기 좋게끔 에둘러서 말하라는 것이 아니다. 사람들은 스스로 결정한 일에 대해서는 누가 시켜서 하는 일보다 더 큰 책임감을 느끼기 마련이다. 아바타가 되기를 원하는 사람은 없다.

이 방법은 사회학자인 유진 와인스턴과 폴 도이치버거의 '역할 부여' 기법으로, 행동을 변화시키거나 상대를 설득할 때 효과가 있다. 상대방에게 특정 역할을 부여하고 그 역할에 맞는 행동을 스스로 생각하게끔 유도하는데, 상대가 그 역할에 충실해야 한다는 압박을 느끼면서 행동이나 인식이 변화될 수 있다는 것이다.

다시 처음의 상황으로 돌아가 보자. 부모는 자녀에게 "공부해!"라는 명령조로 말하지 않고 다른 방식으로 역할을 부여해 자녀가 스스로 공부하게 만들 수 있다. "시험이 X월 X일이라고 했지. 생각보다 얼마 안 남았네?" 시험에서 좋은 성과를 거둬야 하고 그러려면 공부를 해야 한다는 사실을 전하는 것이다. "내가 해줄 수 있는 게 이것뿐이네. 이따 간식으로 뭐 먹고 싶은 거 있어?" 스스로 공부하는 아이라는 역할을 이미 준 것이다. 아이가 가장 선호하는 해답인 '노는 것'은 애초에 선택지에서 빠져 있다.

말하기가 능력이 될 때

이처럼 공부가 어려운 일이라는 것을 먼저 공감해주고, 공부한 뒤에 논다든지 같은 해법을 스스로 생각하게 한다면 이 대화의 성공 가능성은 커진다.

"

상대의 머릿속에 그림을 그려라

길을 걷다 잠깐 스친 광고 문구가 나도 모르게 머릿속에 들어와 박혔다.

'오늘 아침까지 뛰놀던 닭'

섬뜩하지만 확실히 알겠다. 이 닭이 얼마나 신선한지! 잔인하지만 어디에선가 들은 이야기처럼 목이 잘린 후에도 한참 동안 마당을 뛰어다닐 수 있다는 닭의 모습이 그려지기까지 한다. 과연 '신선한 계육'이라는 말을 수천 번 한다고 한들 이 느낌을 줄 수 있을까? 이처럼 듣고 이해해야 알 수 있는 말보다는 즉각적으로 머릿속에 이미지로 떠올릴 수 있는 말이 더 강렬하게 기억에 남는다.

그림처럼 그려지는 말을 하기 위해서는 글쓰기 연습이 필요하다. 전적으로 표현의 문제이기 때문이다. 거침없이 써 내려갈 수 있을 만큼 내가 가진 단어와 표현의 총알이 두둑해야 입에도 자연스럽게 붙을 수 있다. 글로 쓸 수 없는 문장은 말로도 할 수 없음을 기억하기 바란다.

말하지 않으면 보이지 않는 것을
글로 소상히 써라

꼭 스피치 원고가 아니라 일반적인 글에서도 살아 숨 쉬는 표현들을 연습할 수 있다. 한 고위 임원이 새로 부임해 현장에서 근무하는 직원들에게 새로이 인사하는 편지글을 쓴 적이 있었다. 대부분 짐작할 수 있듯이 내용은 매우 뻔했다.

'저는 이번에 △△으로 온 ○○○입니다.

여러분을 만나서 정말 반갑습니다.

열심히 땀 흘려 근무하시는 현장의 노고를 가슴 깊이 이해합니다.

하지만 모두 힘내시고 애로 사항이 있으면 어려워 말고 말씀해주십시오.

감사합니다.'

이 글을 눈으로 읽어도 아무런 느낌이 없다면 아무리 피눈물을 흘리며 말한다 한들 울림이 없을 것이다.

'제가 새 가족이 된 지도 벌써 한 달여가 지났네요. 그동안 여러분의 모습이 궁금하기도 하고, 보고 싶은 마음에 짬이 날 때마다 현장을 가봤는데도 아직도 만나야 할 얼굴들이 더 많이 남아 있는 것 같습니다. 비록 한 명, 한 명 마주하고 이야기는 나누지 못했지만, 그래도 저마다의 자리에서 어떤 모습으로 하루를 보낼지 눈에 선합니다.

(중략)

현장에서는 얼마나 많이 땀 흘리며 고생할지 걱정도 되고 한편으로는 무척 존경스럽습니다. 볼펜 한 자루를 살 때조차 살뜰히 챙기는 똑소리 살림꾼, 현장의 크고 작은 일들을 척척 해결하는 슈퍼우먼, 매일 고객과 부딪히며 마주하는 우리 회사의 대표 얼굴들. 그런 여러분의 모습과 보이지 않는 노력이 있었기에 지금 우리 회사가 큰 산이 되었습니다. 그 산을 이루는 가장 중요한 나무들을 키우는 여러분을 위해 저는 힘든 바람을 막아줄 수 있는 우산이 되겠습니다. 언제든 우산이 필요할 땐 저를 찾아오세요.'

이 글에 실제로 뭉클했다고 말하는 직원도 있었다. 그건 잘 쓴 글이라서가 아니다. 비록 만난 적은 없지만 분명 그가 좋은 사람일 것이라고 느꼈던 포인트는 따로 있다. 아무도 모르리라 생각했던 진짜 자신들의 이야기, 힘들었던 순간이 하나하나 생생하게 떠오르는 지점이다. 볼펜 한 자루라도 비용 지출을 줄이려고 노력하던 나의 모습이 그려진다. 이렇게 나를 알아주고 보듬어주는 이 사람은 거리감이 느껴지는 생면부지의 어려운 상사가 아니라 믿고 의지할 수 있는 따뜻한 리더일 것 같다.

편지글이지만 말도 똑같다. 원고부터 쓴 뒤 프레젠테이션을 연습하는 초보 단계라면 더욱더 글이 중요하다. 이때 중요한 것은 말하고자 하는 대상과 상황에 대한 아주 구체적인 묘사가 핵심이다. "사회적 약자를 위해 시선을 낮춰 세상을 바라보면 모두가 행복해질 수 있습니다"라는 핵심 메시지를 전달해야 한다고 해보자. 어떻게 말할지를 생각하기 이전에 친절함부터 장착해야 한다. 듣는 사람이 생각하기에 사회적 약자는 어떤 사람이며, 시각을 낮춰 세상을 바라보는 건 어떤 걸까? 모두가 행복한 건 어떤 상황일까?

모호한 개념부터 잘게 쪼개고 구체적인 장면으로 그려보자. 그림을 그리듯 장면을 묘사할 수 있는 가장 빠르고 쉬운 방법은 사례와 비유다. 누구나 어렵지 않게 떠올릴 수 있는 일상 속 대상일수록 더 좋다.

> "버스의 높은 계단이 낮아지면 몸이 불편한 분, 어르신, 어린아이까지 모두가 행복하게 도시를 누빌 수 있습니다."

같은 말이라도 그림처럼 펼쳐낼 때와 단순히 문자를 읽을 때의 차이는 이처럼 꽤 크게 나타난다. 청중이 프레젠테이션에 끝까지 집중하지 못하면 내용 자체에 흥미가 없어서가 아니라 메시지를 전하는 메신저의 표현과 언어 구사력 때문이라고 해도 과언이 아니다. 똑같은 이야기도 말하는 사람에 따라 전혀 다르게 들릴 수 있다. 단순히 특정 개인의 말발이 뛰어나서가 아니다.

'나는 말할 테니 알아서 생각하라'라는 식으로 상대가 말을 듣고 스스로 해석하도록 하는 것은 금물이다. 상대방이 애써 노력하지 않아도 자연스럽게 직관적으로 상황을 떠올릴 수 있도록 표현해야 한다. 이는 발표자의 핵심 스킬이자 동시에 내 말을 애써 들어주는 청중에 대한 최소한의 예의다. 내가 수고할수록 청중은 그만큼 어려움 없이 내 말을 더 넓은 마음으로 받아들일 수 있다.

"

좋은 말은 남의 입을 빌려라

入만 열면 자기 자랑인 사람과 오래 마주하는 건 여간 어려운 일이 아니다. 자기 자랑은 듣는 사람뿐 아니라 말하는 사람에게도 꽤나 민망한 일이다. "내가 이렇게 잘났으며 내가 만든 제품이나 나의 회사가 이만큼이나 대단하고 좋다'라니. 어휴, 어떻게 이런 말을 내 입으로 해?'라는 생각이 들겠지만 프레젠테이션의 99퍼센트는 다 이런 내용이다. 내가 제일 잘나간다는 그 이야기를 대놓고 해야만 한다. 단 너무 티가 나지 않게 말이다.

상대에게 믿음을 주는 문장 만들기

자기 자랑과 자기 PR은 한 끗 차이다. 들었을 때 '재수 없음'으로 귀결되거나, 자신감 있고 경쟁력 있는 모습으로 비치거나. 이를 좌우하는 것은 누구의 입을 거쳐 말하느냐에 달렸다. 발표를 하는 건 나 자신이지만 그 속에 담긴 메시지는 남의 입을 빌려서 전해야 한다. 그럴 때는 문장의 '나'가 아닌 타인으로 주어를 바꿔보자.

"제가 최초로 개발해서 세계 1등을 했습니다."
→ "○○이라는 유명기관에서 저희 △△ 제품이 세계적으로 유례없는 첫 시도였다는 점을 인정해주었습니다."

공신력 있는 미디어, 언론, 유명 인사나 내가 말하고자 하는 이야기와 연관된 제3자의 코멘트를 인용하거나 빗대어 전달하는 것이다. 물론 타인이라고 해서 다 괜찮은 건 아니다. 타인의 입을 빌리는 가장 큰 이유는 신뢰를 주기 위해서다. 요즘에는 유머로 많이 쓰이지만 '포브스가 선정한 XXX'가 있다. 가장 좋은 예다. 권위 있거나 신뢰할 수 있는 다른 이의 입을 빌려 나를 소개하는 것이다.

그렇다고 해서 프레젠테이션의 모든 내용을 남의 입을 빌려서 전할 수는 없는 노릇이다. 그래서 꼼꼼한 사전 자료 조사가 중요하다. 탄탄한 자료가 뒷받침되면 꼭 주장하는 내용과 직접적인 연결 고리는 없더라도 자연스럽게 신뢰를 더할 수 있다.

예를 들어 '암기력을 높여주는 반복적인 소리가 특징인 학습 보조기구'를 제안한다고 치자. 공신력 있는 기관에서 직접 인증을 받거나 언론에 보도된 것도 없다면 어떻게 해야 할까? 자체 실험 결과를 통해 실제 성적이 오른 학생들의 비율, 성적 증가 폭 등의 숫자를 활용할 수 있다. 수치화된 데이터는 신뢰 가는 근거가 된다. 기계의 원리와 유사하게 반복되는 빛, 주파수 등을 활용한 다른 사례들이 있다면 그것이 언급된 논문이나 신문 기사 등을 따올 수도 있다.

이와 별개로 발표자 자신의 공신력도 있다. 발표자가 그 분야의 전문가인 경우다. 전문가라고 해서 꼭 유명인이어야 하거나 직책, 학위 등이 필요한 건 아니다. 특정 분야에서 오랜 경험이 있거나 자신만의 차별화된 노하우가 있다면 충분하다.

위의 어떤 경우에도 해당하지 않는다면 전하는 내용 자체의 신뢰도를 높이기 위해 철저한 자료 조사가 필요하다. 개인의 일방적인 주장이 아닌 객관적인 근거나 실제 사례를 뒷받침해 설명하는 것이다. 자료를 찾을 때는 정보가 사실에 어긋나지 않는지 검증하고 전체 주장의 논리를 해치지 않는지도 주의해야 한다. 문장은 최대한 구체적이고 상세해야 한다.

인터넷에서 우스갯소리로 떠도는 글 중 신뢰를 주는 문장에 대한 예시가 있다. '할아버지가 공중제비를 돌고 있다'라는 문장은 지어낸 것처럼 의심이 가지만 '1호선에서 할아버지가 공중제비를 돌고 있다'라고만 해도 이 문장은 '참'으로 보일 수 있다는 것이다. 앞서 말한 사실에 대한 검증은 차치하더라도 분명 두 문장이 가진 힘은 다르다.

업계에서 통용되는 전문용어를 사용하는 것 또한 도움이 된다. 단 전문용어를 사용할 때는 듣는 사람이 쉽게 알 수 있도록 용어를 정의하고 풀어내는 문장이 뒤따라야 한다. 단순히 전문용어만 남발하는 것은 내가 이만큼 알고 있다는 허세를 부리는 것으로 비쳐질 뿐 아니라 사기꾼의 전형적인 수법이기도 하다.

6장

프레젠테이션의
주인공이 아닌
주인이 되어라

▶▶▶ 　오디션 프로그램을 보면 출연자들은 대개 두 가지 유형으로 나뉜다. 주어진 미션을 충실하게 수행하는 유형과 마치 본인을 위해 만들어진 자리인 듯 시간과 무대를 장악하는 유형이다. 누군가가 만들어놓은 무대에 맞는 주인공이 되는 것과 내가 주인이 되어 설계한 공연의 장소로 무대를 이용하는 것은 다르다. 이 차이는 그날 공연의 분위기뿐 아니라 청중의 반응까지도 크게 좌우한다. 마찬가지로 프레젠테이션에서도 주인공으로 앞에 서는 것과 주인으로서 발표를 설계하는 것은 다르다.

파티를 떠올려보자. 파티의 주인공은 행사의 주 무대를 맡거나 주최자가 부여한 역할을 잘 수행해야 한다면, 주인은 자신이 파티를 연 목적에 따라 전체 행사를 설계한다. 주인은 파티 당일 손님들의 반응이나 현장 상황에 따라 전체 분위기나 판을 바꿀 수도 있다.

프레젠테이션은 정해진 시간과 공간에서 형식에 맞는 말을 잘 해내는 주인공이 되는 게 아니다. 분명한 목적을 가지고 상대의 마음을 움직이기 위해 말하는 자리에서 프레젠테이션이라는 이름을 쓰는 것뿐이다. 여기서는 프레젠테이션의 처음부터 끝까지 그 자리의 주인이 되기 위한 몇 가지 아이템을 소개한다.

내 눈에만 보이는
이야기의 연결 고리

지금 당신의 주변에 책이 보인다면 한 권 들어서 펼쳐보자. 먼저 구성을 보면 각 내용을 카테고리별로 묶고 서로 다른 내용 사이에 속표지가 있을 것이다. 앞의 내용과 뒤에 이어질 내용을 구분하기 위한 목적으로, 이제 다른 이야기로 넘어가겠다는 뜻이다. 연극으로 치면 '막간'이라고도 할 수 있다. 프레젠테이션의 구성도 비슷하다. 그런데 내용이 전환되는 바로 이 순간, 열에 아홉은 이렇게 발표한다.

  "그럼, 다음 장 보시겠습니다."
  "다음 내용으로 넘어가 보겠습니다."
  "이번에는 ○○에 대해서 말씀드리겠습니다."

 책에서는 속표지를 넘기는 동안 독자가 혼자 읽으면서 <u>스스로</u>

흐름을 조절하고 생각도 정리하지만 말은 그렇지 않다. 하나의 주제가 마무리되고 다음 주제로 넘어갈 때 그냥 뚝 끊어지면 부자연스럽고 어색하다. 일상적인 대화에서 "자, 그럼 지금부터는 내가 이 얘기를 한번 해볼게"라고 화제를 전환하지는 않는 것처럼 말이다.

서로 다른 단락 사이에 관계를 부여하라

일반적으로 프레젠테이션에서 전체 내용을 구성하는 주제는 다섯 개 내외로 카테고리를 나눌 수 있다. 아무리 내용이 방대하고 발표 시간이 길어도 10개를 넘어가서는 안 된다. 카테고리를 너무 많이 나누는 것도 오히려 메시지에 대한 집중력을 떨어뜨릴 수 있어 의미 단락은 콤팩트하게 구성하는 것이 좋다.

이때 그 카테고리 사이에 속표지처럼 연결 고리를 만들어주어야 한다. 물리적으로는 발표 자료 슬라이드의 간지로 구분할 수 있지만, 발표자에게는 간지가 없어도 자기 눈에만 보이는 연결 메시지가 있어야 한다. 다시 말하면 새로운 이야기가 시작되는 전환점을 기준으로 앞 카테고리의 클로징과 뒤 카테고리의 오프닝 사이를 이어 붙인다고 생각하는 것이다. 바로 그 연결 지점을 나만이 알아볼 수 있도록 준비한다.

앞의 내용과 뒤에 나올 이야기가 자연스럽게 이어지는 것이 가장 중요한데, 연결하는 방법은 이야기의 성격에 따라 달라진다. 연결 고리를 만드는 가장 쉬운 방법은 인과관계다. 앞 내용이 뒤에 설명할 내용에 영향을 미친다면 간단하다.

"그 결과 ~하게 된 것인데 좀 더 자세하게 살펴보겠습니다."

혹시 전혀 다른 성격의 이야기가 이어진다면 호기심을 불러일으키거나 정반대의 시각에서 접근해볼 수도 있고, 연장선상에 놓인 이야기라면 놓치고 있었던 부분을 상기시킬 수도 있다. 예를 들면 이런 식이다.

"그런데 반대로 이런 생각도 해볼 수 있지 않을까요?"
"하지만 방심은 금물입니다. 바로 그래서 이런 부분을 이야기하지 않을 수가 없습니다."

정리하자면 공통점, 차이점, 인과관계 등 무엇이든 두 내용 사이를 이을 수 있는 실마리를 찾아보는 것이다. 다만 그렇게 하려면 먼저 전체 흐름을 훤히 꿰고 있어야 한다. 앞서 지도를 그리듯 전체 주제, 단락별 주제 등 전반적인 내용을 알아야 한다고 했는데 이 전략은 여기서도 요긴하게 쓰인다. 전체 흐름을 알고 있으면 상황에 따라 임기응변도 가능하다. 발표 도중에 청중의 반응이나 새롭게 알게 된 사실을 즉각적으로 연결 고리에 활용할 수 있다. 그럴 때는 그저 읽는 게 아니라 대화, 즉 소통이 된다. 흔히 말하는 국어책 읽는 듯한 상황을 피할 수 있다.

예를 들어 제안 프레젠테이션에서 사업의 실행 계획을 설명한 뒤 사업 수행 인력에 관한 내용으로 넘어간다고 생각해보자.

> "그런데 제가 오늘 아무리 완벽한 계획을 말씀드려도 실제로 누가 하느냐에 따라 결과가 완전히 달라질 수 있습니다. '인사가 만사'라는 말이 괜히 있는 게 아니죠. 그래서 성공적으로 사업을 끌어갈 수 있는 최정예 인력을 가장 먼저 투입하겠습니다."

어디까지가 의미 단락의 경계이고 내용의 전환이 일어나는지 알 수 없을 만큼 어색함 없이 자연스럽게 이야기가 이어진다. 만일 단락별로 끊어서 말하면 이렇게 될 것이다. "지금까지 사업계획을 말씀드렸습니다. 다음은 세부 운영 계획입니다." 분명한 단절이다. 딱딱하고 지루하다. 비포장도로를 달리는 기분이다. 물론 애초에 같은 카테고리로 묶이지 않는 내용을 이어 붙이는 것이 쉬운 일은 아니다. 하지만 그 빈틈을 티 나지 않게 이어 하나의 이야기로 흘러가게 하는 것은 발표자의 스킬이다.

각 분야의 전문가들이 한데 모여 특정 주제에 관해 대화를 나누는 〈알쓸신잡〉이라는 TV 프로그램이 있다. 나도 꽤 즐겨 보는 프로그램인데, 이들의 대화를 따라가다 보면 A라는 주제로 시작했다가 B, C, D를 거쳐 어느새 E라는 이야기로 흘러와 있다. 출연자들은 앞 사람이 한 이야기와 자신이 할 이야기의 연결 고리를 찾아 자연스럽게 대화를 이어간다. 이들의 언변과 지식은 번외로 두더라도 자연스럽게 이 주제에서 저 주제로 넘어가는 스킬은 감탄이 나올 정도다. 프레젠테이션에서도 마찬가지다. 단락과 내용의 전환은 내 머릿속에서만 일어나야 하며, 실제 이야기는 끊어지지 않고 계속해서 흘러가야 한다.

"

내 눈에만 보이는
숨은 힌트 찾기

하면 할수록 절대로 편해지지 않는 것이 프레젠테이션이다. 익숙함에 속아 떨림이 덜한 것일 뿐 완벽하게 평온해지는 것은 아니다. 조금이라도 더 잘하고 싶은 부담감도 있지만, 기본적으로 사람들 앞에서 혼자 적지 않은 시간 동안 계속 말하는 것은 긴장되고 어려운 일이다. 나 역시 프레젠테이션을 하면 할수록 더 어려움을 느끼고, 흔히 하는 '사람들에게 기가 빨린다'라는 말에 공감하는 걸 보면 정말 그렇다.

우리는 사람이기 때문에 아무리 준비를 잘해도 실수하기 마련이다. 너무 중요해서 자다가도 일어나 청산유수로 쏟아낼 정도로 연습해도 순간 머리가 하얘지고 아무 생각이 안 날 수도 있다. 학교에서나 비교적 편안한 자리에서 하는 발표라면 "죄송합니다. 까먹었어요"라며 사과하거나 잠시 횡설수설해도 크게 문제되지 않지만, 대부분의 프레젠테이션은 매우 중요하고 단 한

번뿐이기 때문에 절대 그럴 수가 없다. 최종 면접으로 가지 못하거나 입찰 경쟁에서 떨어지거나 승진에서 누락되는 치명적인 결과를 맞이하고 싶지 않다면 말이다.

위급 상황 시 프레젠테이션 슬라이드 활용법

자, 그럴 땐 슬쩍 뒤를 돌아보자. 물론 원고나 프레젠테이션 슬라이드 같은 보조 자료에 의지해 발표를 준비해서는 안 되지만 이것들은 긴급한 순간에 유용하게 활용할 수 있는 아이템이 되기도 한다. 그중 발표자의 뒤에 띄워진 프레젠테이션 슬라이드는 내용을 충분히 숙지하지 못했거나 너무 긴장해서 발표를 이어갈 수 없는 패닉 상태가 되었을 때 커닝 페이퍼로 요긴하게 쓸 수 있다.

왜냐하면 프레젠테이션 슬라이드에는 발표의 핵심 내용이 정리되어 있기 때문이다. 물론 그 내용을 발표자가 어떻게 말로 풀어내는지가 프레젠테이션의 성공을 좌우하지만 일단은 제쳐두자. 어쨌든 슬라이드에는 발표자가 꼭 전달해야 하는 키워드, 수치 등의 내용이 담겨 있다. 가장 중요한 내용만 거르고 뽑아서 만든 농축 엑기스이므로 여기에 있는 내용만 빠뜨리지 않고 이야기해도 크게 모양 빠지지 않는 발표를 할 수 있다.

사전 리허설을 할 때 충분히 준비하지 못했거나 자꾸 까먹거나 버벅대는 실수가 반복되는 구간이 있다면 발표 자료에 있는 몇 가지 중요한 키워드의 위치를 기억하고, 그 키워드를 중간중간 바라보면서 살을 붙여 문장을 만들어가면 된다. 연습할 때부터 그 부분은 그렇게 준비하면서 안전장치를 만드는 것이다. 계속 화면을 쳐다보면 안 되겠지만 이처럼 미리 심어놓은 키워드를 커닝하듯 보는 것은 비상사태를 극복하게 해준다.

그리고 더 많은 경우에 슬라이드를 효과적으로 활용할 수 있다. 예를 들어 발표를 준비할 시간이 충분하지 않을 때, 주제가 어렵고 복잡할 때, 입에 잘 붙지 않는 전문용어들이 많을 때 특히 도움이 된다. 이 방법은 충분히 준비하지 못했을 때뿐 아니라 내용을 강조하기 위한 기술이기도 하다. 발표자가 의도적으로 화면을 바라보고 중요한 내용을 가리켜 짚어주는 것이다. 누군가 "어? 저기 뭐야?" 하면서 손가락으로 어딘가를 가리키면 사람들이 쳐다보는 것처럼, 발표자가 시선을 돌려 화면을 바라보면 청중도 따라 시선을 옮기며 더욱 집중하는 효과가 있다.

프레젠테이션 진행 중간에 도움이 되는 힌트가 꼭 슬라이드일 필요는 없다. 발표 환경에 따라 작은 시나리오 카드를 지참할 수도 있고, 머릿속으로 특정 사물과 메시지를 연결해 그 사물을 봤을 때 기억을 떠올릴 수 있도록 준비하는 것도 좋다. 무엇이든 좋다. 프레젠테이션에서 일어날 수 있는 실수를 최소화하기 위해 나만의 방식으로 안전장치를 마련하면 조금 더 여유 있고 노련하게 발표를 이끌어갈 수 있다.

텍스트 대신 이미지로 외워라

내가 활용하는 팁 두 가지를 소개하면, 그중 하나는 프레젠테이션하는 시간 전체를 하나의 작품 서사처럼 구조화하는 것이다. 앞서 프레젠테이션 흐름을 순서도처럼 그리는 방법을 소개했는데, 이것을 더 짧게 한 장으로 줄이는 것이다. 다른 하나는 전체 구조를 기억할 때가 아니라 특별히 중요하게 강조할 내용이 있을 때 쓰는 방법이다. 이때는 무작정 외우는 것이 아니라 주로 내 뒤에 있는 발표 자료 슬라이드를 활용한다. 연습할 때부터 해당 슬라이드를 하나의 장면처럼 통째로 기억하고, 장면 위에 놓인 그림이나 단어 위에 순서대로 번호를 매긴다. 그 순서대로 시선을 옮겨가며 해당하는 내용을 말하는 것이다.

이 두 가지 방법의 공통점은 글자가 아닌 이미지로 내용을 기억하는 것이다. 실제로 기억은 시각 이미지를 더 좋아한다고 한다. 심리학에서는 그림 우월성 효과(picture superiority effect)라고 하는데, 이미지가 텍스트보다 기억될 가능성이 더 크다는 이론이다. 인지심리학 실험에 따르면 정보를 텍스트로만 본 사람들은 72시간 뒤 10퍼센트 정도를 기억하지만, 텍스트와 그림이 더해진 정보는 65퍼센트까지 기억한다고 한다. 특정 정보를 전달할 때 직관적인 기호를 사용하거나 이미지를 활용하는 것도 이 같은 이유 때문일 것이다.

하지만 그렇다고 해서 너무 과하게 이미지를 사용하는 것도 부작용을 초래할 수 있다. 발표 자료 슬라이드에 넣거나 외우기 위해 활용할 때도 적정 수준으로 사용해야 한다.

나만의 플랜 B 만들기

흔한 일은 아니지만 프레젠테이션할 때 전혀 생각지 못한 돌발 상황이 종종 생기곤 한다. 프로젝터가 작동하지 않거나 노트북과 연결이 안 되어 파워포인트 화면을 띄우지 못하거나, 폰트나 이미지가 다 깨지는 기계적 에러는 가장 낮은 1단계의 비상사태다. 2단계는 10명이라고 들었던 청중이 60명으로 늘어나 수많은 사람이 나를 노려보고 있거나, 고개 숙인 청중의 정수리만 보고 발표를 해야 하거나, 갑자기 발표 순서가 바뀌거나 시간이 지연되는 등 내가 쉽게 통제하기 힘든 환경의 변화다.

1단계 상황에 대처하는 것은 어렵지 않다. 물리적인 문제는 사전에 준비만 잘하면 미리 방지할 수 있기 때문이다. 처음에는 몹시 당황스럽겠지만 한두 번만 경험해보면 프레젠테이션 장소로 가기 전에 무엇을 챙겨야 하는지 체크리스트를 만들 수 있다. 프로젝터 연결 잭을 종류별로 챙기고, 폰트 설치파일을 미리 준비하고, 자료를 이미지와 폰트가 깨지지 않는 pdf 파일 버전으로 준비하고, 복사본을 개인 메일로 보내놓는 등 미리 꼼꼼히 준비하면 비상시에도 바로 대응할 수 있다.

2단계 상황에서도 발표자가 마인드 컨트롤 방법을 습득하거나, 분위기가 처지고 관심이 없을 때를 대비한 레퍼토리나 이야깃거리를 준비한다면 여유롭게 헤쳐나갈 수 있다.

예상치 못한 순간은 언제든 올 수 있다

문제는 위 두 단계 어디에도 해당하지 않는 경우다. 그런 일이 일어날 거라고 생각해본 적도 없는 진짜 긴급 상황 말이다. 내가 직접 겪은 역대급 프레젠테이션 비상사태 세 가지를 소개한다.

'파일을 재생할 수 없습니다'

영상을 준비했는데 소리가 안 나거나 재생이 아예 안 될 때가 있다. 이때는 약간의 연기가 필요하다. 이른바 약장수의 말발이랄까. 입에 침을 바르고, 과하지 않은 오버액션이 있다면 더 좋다.

프레젠테이션에 들어간 영상 자료는 현장감, 생동감을 전하기 위해 준비하는 것이다. 영상 대신 생선이 팔딱팔딱 뛰며 움직이는 듯한 생생한 모습을 보여주려면 상황과 장면을 묘사하는 데 집중해야 한다. 표현뿐 아니라 전체적으로 속도의 빠르기로 완급을 조절하는 것도 좋은 방법이다. 현장감 있는 리포팅의 대표 주자 〈VJ 특공대〉의 유명한 내레이션인 "폭포수처럼 콸콸콸!"까지는 아니더라도 최대한 비디오의 빈자리를 대신할 설명이 더해져야 한다.

이렇게 바로 대응할 수 있으려면 내가 말할 이야기뿐만 아니라 발표에서 중요한 역할을 하는 자료의 내용까지 모두 머릿속에 입력되어 있어야 한다. "제가 이런 부분을 강조하기 위해서 준비했던 영상이었는데요. 영상에서는 ○○한 내용을 △△하게 표현했어요"라고 장면 설명을 이어나갈 수 있어야 한다. 내가 주인인데 영상이 안 돌아간다고 당황하며 손 놓고 있을 순 없다. "원래는 이런 영상이 있었는데 에러가 나서 지금 안 돌아가네요. 아쉽지만 넘어가겠습니다"라는 말은 절대로 나와선 안 된다.

영상 외에도 무언가를 작동시키거나 시연해야 하는 발표 보조 자료가 있다면 프레젠테이션에 그 자료가 돌아가는 동안 쉰다고 생각하지 말자. 말로 표현하지 않을 뿐이지, 프레젠테이션을 구성하는 중요한 내용이니 언제든 말로도 설명할 수 있을 만큼 준비해야 한다. 그래야 작동하지 않더라도 뭐라도 해서 빈자리를 메울 수 있다.

"프레젠테이션을 10분 안에 끝내주세요"

발표까지 12시간도 채 남지 않았을 때 걸려온 전화였다. 무려 130장에 이르는 세 개의 사업계획이었다. 원래는 발표 시간이

20분이었고 그 시간에 맞춰서 발표 자료를 기획하고 리허설까지 이미 끝냈다. 해야 하는 말은 그대로인데 시간이 딱 절반으로 줄어든 것이다.

심지어 다른 업무로 열차를 타고 이동하던 중이라 손에는 노트북도, 자료도 없었다. "저기, 15분도 안 되나요?" 딱 5분만 더 있어도 좋을 텐데 바꿀 수 있는 건 없었다. 내가 바뀌는 수밖에 없었다. 휴대전화로 발표 자료를 받아서 처음부터 끝까지 모두 스크리닝한 다음 정말 중요한 것이 아닌 것들을 걸러내 지우기 시작했다.

간혹 지울 필요 없이 그냥 슬라이드를 빠르게 넘기면 되지 않냐고 생각하는데 설명 없이 슬라이드만 휙휙 넘기는 것은 성의가 없어 보이거나 준비가 안 된 발표자라는 인상을 줄 수 있다. 자료를 줄인 다음에는 말의 가지를 쳐야 한다. 긴 문장은 줄이고 수식어구는 최대한 빼는 것이다. 나는 '하도록 하겠습니다'는 '하겠습니다'로 줄이고 사업 내용과 직접적으로 관련되지 않은 부연 설명, 오프닝 등의 내용은 모두 없앴다. 마지막으로 10분에 맞춰 속으로 말하면서 다시 문장의 호흡을 줄였다.

프레젠테이션 리허설은 일어서서 최대한 비슷한 환경에서 하는 것이 좋지만, 시간과 공간이 여의찮다면 소리 내지 않고 속으로 속도를 맞춰 말하는 것도 이런 상황에서는 큰 도움이 된다. 단 발표 시간이 줄었다고 무조건 말을 빨리 하는 것은 안 된다. 문장은 모두 그대로인데 빠르기만 하면 알아들을 수 없는 랩이 된다. 혹시 자신이 랩을 잘한다고 생각하더라도 일반적으로 알아들을 수 있는 범위 내에서 평소보다 조금 속도를 높이는 수준으로 조절하자.

"한국말로 해주세요"

앞으로도 또 있을까 싶은 최고로 당황스러운 순간이었다. 평가위원 중에 외국인이 있어 영어로 프레젠테이션을 준비했는데 외국인이 참석하지 못하게 되었으니 한국어로 발표해달라는 것이었다. 그것도 발표 장소로 향하는 복도를 걸어가던 중에 들었다.

앞 사례처럼 하루 전에 발표 시간이 반으로 줄었던 건 이에 비하면 차라리 행운이었다. 오히려 한국어로 이야기하는 것이 훨씬 편하니 잘된 것 아니냐고 생각할 수도 있지만 단순히 번역의 문제가 아니었다. 영어 프레젠테이션은 모국어를 사용하는 게 아니다 보니 준비하는 데 평소보다 두세 배 시간이 더 든다. 그저 한국어를 영어로 변환하는 과정이 아니라 처음부터 영어 사용자의 시각과 사고 과정에 맞춰서 준비한다. 주장과 결론을 먼저 얘기하는 두괄식 구성부터 문장의 유형이나 유머 코드까지 아예 다르다.

그러니 영어에서 한국어로 언어만 바꾸면 이질감이 느껴질 수밖에 없다. 영화를 번역할 때 단순히 직역하는 것이 아니라 바꾸려는 언어 사용자들의 문화에 맞게 새로운 문장을 쓰는 것처럼, 다시 문장을 새로이 써야 하는 것이다.

그래도 프레젠테이션은 진행되어야 했기에, 나는 앞서 말한 발표 자료의 슬라이드 화면을 최대한 커닝했다. 아무리 언어가 다를지라도 슬라이드마다 나만의 포인트 키워드를 심어서 기억해둔 방식은 같으니, 그 키워드만 다시 한국어로 바꿔 살을 붙여 설명하는 것이다. 이렇게 역으로 번역하는 과정에서 버퍼링이 일어날 수 있으므로 말하기 속도를 줄였다. 전체적인 말의 속도도 조금 천천히 하고 문장 사이의 휴지(pause)도 더 여유 있게 가져갔다. 그리고 그렇게 벌어놓은 시간 동안 재빨리 머리를 굴려 다음에 말할 내용을 준비했다.

한편 발표 시작 전에 청중에게 이 비상 상황에 대해 충분히 설명하고 양해도 구해야 했다. 발표자와 담당자 사이에만 공유되고 청중은 내가 처한 이 상황이 갑자기 일어난 것인지 모르기 때문이다. 내가 준비하지 못하고 서툴어서가 아니라, 악조건에도 불구하고 지금 최선을 다하고 있다는 것을 전해야 한다.

사실 원칙적으로는 프레젠테이션 시작 전에 "제가 발표가 좀 서툴어서요", "제가 지금 너무 떨립니다만", "준비할 시간이 많이 없어서", "갑자기 하게 돼서" 같은 말은 안 하는 것이 옳다. 그 말을 듣는 순간 준비되지 않은 발표자에 대한 신뢰가 뚝 떨어지기 때문이다. 그러나 예외적으로 정말 이런 발표 경험이 없는 어린 학생들이 이 말을 한다면 대견하고 기특한 시선으로 발표자를 바라보게 되는 마법을 발휘하기도 한다.

사실 위의 세 가지 상황이 일어날 확률은 1퍼센트도 안 될 것이다. 나도 6년 여 동안 수백 번 했던 프레젠테이션 중에서 딱 한 번씩만 경험한 일이다. 하지만 그 한 번이 어떤 중요한 순간에 일어날지는 아무도 알 수 없다. 내 인생에 결정적일지 모를 순간을 그렇게 허망하게 날려버릴 수는 없지 않은가.

돌발 상황은 말 그대로 예측하고 준비할 수 없기에 전적으로 발표자의 임기응변이 중요하다. 그리고 몹시 당황스러워하는 티를 덜 나게 하는 것이 최선이다. 프레젠테이션 현장에서는 늘 무슨 일이든 일어날 수 있음을 염두에 두어야 한다. 혹시 모를 상황이 생겨도 '언젠가 이런 일이 있을 줄 알았지!' 하며 평정심을 빨리 찾아야 한다.

얼마나 도움이 될지는 모르겠지만 돌발 상황이 벌어졌을 때 내가 마음을 다잡는 방법 하나를 공개한다. 나는 이렇게 생각한다. '이미 듣는 사람들도 놀랐고 나도 당연히 당황하리라 예상하겠지?' 이 상황이 내게만 벌어진 것은 아니니 어차피 다 똑같은 조건이라고 생각하는 것이다. 시험 문제가 어렵다면 나만 어려운 게 아니다. 모두에게 똑같이 어렵다.

말하기가 능력이 될 때

메시지를 살아 숨 쉬게 하는
연출의 힘

발표자가 프레젠테이션에 가지고 들어갈 수 있는 물건들은 별로 없다. 슬라이드 포인터는 기본 아이템이고 간혹 내용을 설명하는 데 요긴하게 쓰이는 소품들이 있는 정도다. 발표를 보조하는 소품으로 쓸 만한 것들은 마이크나 포인터를 쥐고 한 손에 잡기에 부담스럽지 않은 크기의 물건들로, 내용에 따라 다르지만 메시지를 보여주기에 좋은 것들이어야 한다.

예를 들어 '포기하지 않고 모든 것을 다 가지려 하는 것은 욕심이다'라는 메시지를 전한다면 작은 공이나 돌멩이 같은 것들을 활용해 물건을 쥐고 있는 손으로 또 다른 물건을 집으려는 모습을 보여줄 수 있다. 여지없이 물건을 떨어뜨리는 모습은 말보다 더 메시지를 선명하게 설명해준다.

하지만 프레젠테이션에서 무언가를 직접 보여주거나 시연하는 것은 정말 신중해야 한다. 잘하면 소름이 끼치도록 청중을 전율시킬 수 있지만, 잘못하면 그만 약장수가 되어버릴 수도 있다. 메시지 기획의 1인자였던 나의 첫 직장 상사는 이 분야에 탁월한 재주가 있었다. 한번은 우리나라에 수입되는 주류에 부과되는 세금이 과도해서 조정이 필요하다는 것을 주장하고 설득하는 내용의 발표를 하는데, 그는 양주 한 병을 열어 병뚜껑에 따른 후 이렇게 말했다.

"지금 이 병뚜껑에 담긴 술의 양만큼이 진짜 술값입니다."

나머지는 전부 다 세금이라는 얘기다. 전혀 술을 즐기지 않는 사람들도 "세상에, 저렇게 많았어? 너무 과한 거 아니야?" 하는 반응을 보인다. 수입 양주 세금을 그렇게 내릴 필요가 있느냐 없느냐로 시작하거나, 다른 나라들과 주류세 비율을 비교해보는 복잡한 상황까지 끌고 갈 틈을 주지 않는다. 청중의 집중과 관심을 불러일으킬 뿐 아니라 메시지를 아주 강렬하게, 딱 꽂히게 말한다. 이 정도는 되어야 준비한 물건과 노력이 전혀 아깝지 않다.

프레젠테이션 중에 약간의 아부와 귀여움을 섞어서 선물로 물량 공세를 펼치는 경우를 왕왕 접한다. 견물생심이라고 마음이 잠시 흔들릴 수도 있고, 아주 드물지만 가끔은 그 전략이 먹히는 일도 있다. 그러나 대부분 상대의 마음을 움직이거나 결정적인 선택의 순간에는 큰 영향을 미치지 못한다. 무언가 받아서 기분 좋았던 것으로 끝이다. 허풍 떠는 약장수나 선물로 환심을 사는 호객꾼이 되지 않으려면 물건들을 활용해 무슨 이야기를 할 수 있을지 생각해야 한다.

말하기가 능력이 될 때

소품은 발표자가 쓰기 나름이다

분명한 이유가 있다면 소품을 활용하는 것은 좋은 방법이 될 수 있다. 필요하다면 말이다.

예전에 '겉으로 보이는 것보다 내실이 중요하다'라는 메시지를 강조하고 싶었던 프레젠테이션이 있었다. 그냥 그대로 말하기엔 너무 뻔한 얘기이고, 비유할 만한 사례도 마땅치 않았다. 그렇지만 이 주장이 제안의 핵심이라고 판단했기 때문에 확실하게 전달하고 싶었다.

'큰 선물 상자와 작은 선물 상자 안에 들어 있는 같은 물건을 보여주면 어떨까?'

'그러면 그 안에 들어가 있는 물건은 무엇으로 해야 할까?'

'큰 상자와 작은 상자의 모양이 다르면 잘 와 닿지 않을 텐데?'

며칠을 고민하고 또 고민했다. 발표 당일, 내 손에는 크림이 들어 있는 빵 두 개가 있었다.

"제가 맛있는 크림빵을 가져왔는데요. 보기에는 같은 크림빵인 것 같죠. 여러분, 만일 둘 중 하나를 고른다면 어떤 걸로 하실래요? 손 한번 들어볼까요?"

두 개의 빵을 선택한 사람들의 수는 거의 비슷했다.

"사실 겉으로만 봐서는 알기 힘들죠. 제가 어떤 게 더 맛있고 좋은 빵인지 확인해볼게요."

곧바로 각각의 빵을 갈라서 안에 들어 있는 크림의 양을 보여주었다. 하나는 크림이 꽉 차 있었고, 다른 하나는 크림을 바르다 만 듯했다. 물론 크림의 양은 한눈에 봐도 차이가 있도록 미리 만들어둔 것이었다.

"아마 어쩌면 오늘 제안들이 이 빵처럼 겉만 봐서는 판단하기 힘드실 겁니다. 저는 지금부터 이 제안이 어떤 것들로 꽉 채워져 있는지 자신 있게 말씀드리려고 합니다."

중요한 건 빵 두 개를 소품으로 썼다는 사실이 아니다. 이후의 발표 내용들은 '제가 이렇게 하겠습니다'라는 식의 주장이나 제안이 아니었다. 해당 기업에 제안하는 내용과 유사한 제품, 서비스를 적용한 기업들의 실제 사례, 결과에 대한 설명이었다. 왜 그랬을까? 속이 알차다는 모호한 주장은 바꿔 말하면 실행력이 좋다든지 약속을 잘 지킨다는 말로도 대신할 수 있는데, 이 주장은 구체적으로 증명할 수 있는 사례로 뒷받침해야 했기 때문이다.

소품은 잘 쓰면 대박이지만 못하면 쪽박이다. 쉽게 도전해볼 수는 있어도 제대로 쓰려면 각별한 준비와 연습이 꼭 필요하다. 프레젠테이션에서 발표 외에 연출적인 요소를 기획한다면 '무엇을 할까'를 먼저 생각해서는 안 된다. 초보자의 경우 대개 뭘 할지를 생각하고 후에 내용을 끼워 맞추는 실수를 한다. 앞서 말했던 잘못된 콘셉트 기획의 사례처럼 멋있는 행위 자체에 초점을 맞추기 때문이다. 이는 앞뒤가 바뀌는 것이다. 그런 순서라면 위의 프레젠테이션에서 겨우 크림빵 같은 물건 따위는 절대 나올 수 없었을 것이다.

말하기가 능력이 될 때

'내가 하고 싶은 말을 좀 더 선명하게 보여주는 게 뭘까?', '백 마디 말보다 강력한 하나가 무엇일까?'를 생각하는 것이 먼저다. 그 결과로 나온 방법이 물건이든 시연이든, 쇼가 되든 하는 것이다. 영화에서 온갖 특수효과와 신기술이 밑도 끝도 없이 나온다고 작품성을 인정받지는 않는다. 마찬가지로 프레젠테이션도 하나의 작품이라고 한다면 삼류가 될지, 대작이 될지는 주제를 극대화하는 깊이 있는 연출의 힘에 달려 있다.

나의 눈, 손, 입이 모두 도구

주제나 내용의 경중에 따라 특별하게 준비한 프레젠테이션이 아니라면 우리 일상의 발표에서는 별로 특별한 장치가 없다. 손에 들고 있는 레이저 포인터도 슬라이드를 넘기는 용도로 사용하지, 굳이 빨간 레이저를 발사하며 계속 쓰지는 않는다. 강의나 수업을 진행할 때 교재의 지문을 따라가는 정도로 쓰인다. 빨간 레이저는 눈을 피로하게 만들 뿐이다.

그러면 쓸 수 있는 발표 도구로는 무엇이 있을까? 바로 발표하는 나 자신이다. 말을 하는 입은 물론이고 손과 발, 눈까지 몸의 모든 부분이 도구가 될 수 있다. 앞에 서면 사람들은 뒤의 슬라이드가 아닌 발표자를 바라본다. 발표자가 몸을 돌려 화면을 쳐다보면 청중도 같이 화면에 집중하고, 손가락으로 화면의 어딘가를 가리키면 청중도 그 방향을 본다.

프레젠테이션을 하는 중에 손의 위치는 배꼽 정도의 높이에서 움직이지 않거나 눈에 띄지 않을 정도로 가볍게 움직이는 정도가 적당하다. 계속해서 움직이면 정신없어 보일 뿐 아니라 정작 필요할 때 제대로 손을 쓸 수 없다. 손으로 중요한 내용을 짚어주며 가리키거나 중요한 숫자를 손가락으로 표시하는 정도가 좋다. 주위를 환기하기 위해 손뼉을 쳐 소리를 내거나 주먹을 쥐고 힘주어 말하는 등 몸짓 언어로 표현할 수도 있다. 그리고 어느 부분에서 어떤 식으로 손 또는 손가락을 활용할지 미리 계획을 세워야 한다.

발도 손과 마찬가지로 움직임을 최소화하는 것이 좋다. 조금씩 앞뒤 또는 옆으로 움직이거나 몸을 흔드는 것은 산만해 보일 수 있다. 다만 화제를 전환하기 위해 서 있는 위치를 반대로 옮긴다거나 발을 구르거나 제자리에서 뛰는 등 내용과 연관되는 몸짓 언어는 가능하다. 이런 제스처들은 별것 아닌 것처럼 보이지만 실제로는 말로 하는 언어 못지않게 커뮤니케이션에 많은 영향을 미치는 요소다.

마지막은 눈빛이다. 연기를 잘하는 배우들을 보면 대사 없이도 표정으로 말한다. 심지어 마스크로 코와 입을 가려도 눈빛만으로도 어떤 감정인지를 짐작할 수 있을 정도로 표현한다. 이 책에서는 프로 연기자의 눈빛 연기 비법까지는 알려주지 못하지만 말할 때 눈빛이나 표정은 백 마디 말로 전할 수 없는 마음을 전달하는 도구가 된다는 것을 기억하자.

입은 거짓을 말해도 눈은 진실을 보여준다

프레젠테이션에서 눈빛으로 말할 수 있는 것은 말로는 다 담아 낼 수 없는 이야기 또는 마음일 것이다. 꼭 하고 싶다는 열정, 단 한 번뿐이라는 간절함, 반드시 해내겠다는 강한 의지, 분명 놓치 면 후회할 것이라는 답답함까지 말이다. 손에 잡히지 않고 눈에 보이지 않는 이런 것들은 백 번, 천 번 말해도 한계가 있다. 그리 고 바로 눈빛으로 드러난다. 억지로 만들어내서가 아니라 정말 진심에서 우러나오는 말이라면 의도하지 않아도 어느새 눈도 같 이 말하고 있다.

입은 웃고 있는데 눈이 슬프면 우리는 지금 저 사람이 슬프다 는 걸 알고, 같은 일을 하고 있어도 동작을 보면 하기 싫은 걸 억 지로 하고 있다는 걸 알아챌 수 있다. 내 몸은 똑똑하게 쓰면 최 고의 프레젠테이션 도구가 될 수 있고, 반대로 신경 써서 다듬지 않으면 내가 의도하지 않은 전혀 다른 메시지를 청중에게 전달 할 수도 있다.

의식하지 않으면 몸은 내가 익숙하고 편안한 모습을 드러낸 다. 말하기도 준비하지 않고 즉석에서 하게 되면 평소에 자주 쓰 는 어휘들이 쏟아진다. 말을 시작하기 전에 '있잖아', '저기' 같은 말을 붙인다든지 중간에 '응'을 추임새처럼 넣기도 한다. 어떤 사 람은 '가령'이라는 말을 본인도 모르는 사이에 계속 붙여서, 대략 100번 가까이 말하는 것을 본 적도 있다. 하지만 대부분 말하는 연습을 충분히 하고 프레젠테이션을 하기 때문에 말하기에서는 웬만해서는 문제가 드러나지 않는다.

하지만 몸동작은 다르다. 짝다리를 짚고 구부정하게 서 있거나 다리를 떨거나 머리카락을 자주 넘기거나 하는 버릇들도 쉽게 드러난다. 그러나 발표자는 자신의 나쁜 습관을 알아채기가 어렵다. 발표를 녹화해서 영상으로 보면 그간 몰랐던 모습들에 놀라는 일도 많다. 모니터링 영상이 가장 확실한 방법이지만 여의찮으면 거울을 활용하는 것을 추천한다. 거울 앞에서 3분 정도 발표를 해보면 겉으로 드러나는 잘못된 자세와 불필요한 움직임은 대부분 스스로 인지하고 바로 고칠 수 있다.

개인별로 차이는 있겠지만 발표할 때 고쳐야 할 나쁜 습관은 듣는 사람의 입장이 되었을 때 발표자에게서 보기 싫은 모습이 무엇인지 떠올려보면 답이 쉽게 나온다. 내가 보기 싫은 모습은 다른 사람도 보기 싫다.

발표할 때 이런 습관은 반드시 고치자

짝다리 짚기, 다리 쩍 벌려 앉기, 한쪽으로 기울어진 머리나 어깨, 삐뚤어진 입꼬리 등 한눈에 보이는 나쁜 자세는 가장 먼저 고쳐야 한다. 흐트러진 자세는 발표에 성의가 없고 진지하지 못하다는 인상을 준다. 앞서 말한 것처럼 외적인 요소는 거울을 보면서 확인하고 교정하는 것이 좋다. 무대 위를 심하게 왔다 갔다 하거나 팔을 과장되게 움직이거나 손을 자주 쓰는 것 또한 청중을 산만하게 만들고 신뢰를 떨어뜨릴 수 있다.

최악은 팔짱을 끼거나 거만해 보이는 눈빛과 자세를 취하는 것이다. "뭐, 그냥 넘어가시죠" 하면서 슬라이드를 휙휙 넘긴다든지 눈을 내리깔거나 흘겨본다. 이런 눈빛이나 말투는 '하기 싫다', '귀찮다', '관심 없다'와 같은 뜻으로 여겨진다.

7장

온라인
커뮤니케이션 시대에
오프라인처럼 말하기

▶▶▶　　사람들 앞에 설 때면 몹시 떨려서 '앞에 아무도 없었으면 좋겠다'라고 생각해본 적이 있는가? 그런데 아무도 없는 곳에서 혼자 말한다고 생각해보자. 아마 떨리지는 않겠지만 무척 어색할 것이다. 유튜브와 브이로그가 유행할 때 시도해본 사람은 알 것이다. 청중 한 명 없는 무대에서 원맨쇼를 하거나 앞에 사람들이 있지만 마치 투명 인간인 것처럼 아무 반응이 없다면 얼마나 뻘쭘할까?

온라인으로 소통할 때는 말하는 사람 못지않게 듣는 사람도 힘들다. 일단 익숙하지 않다는 점이 가장 큰 원인일 텐데, 그게 전부는 아니다. 비대면 상황의 고유한 특성 때문이기도 하다. 말하는 사람으로서는 듣는 사람의 반응을 살필 수 없어 답답하고, 듣는 사람은 집중력을 유지하기가 여간 힘든 게 아니다. 연구에 따르면 한번 마주 보고 이야기한 것과 같은 친밀도가 생기려면 이메일로는 무려 73번, SNS로는 120번 대화를 해야 한다고 한다.

직접 상대와 소통할 수 없는 비대면 말하기는 이제껏 쉽게 접하지 못한 새로운 영역이다. 그래서 어려운 점도 많지만 비대면 말하기의 특성을 이해하고 잘 활용한다면 오히려 이득일 수 있다. 원고 활용도 가능하고 단기간에 반복 연습으로 쉽게 효과를 볼 수도 있을 것이다.

코로나19 기간에 등장했던 재택근무, 비대면 면접, 화상회의 등 새로운 커뮤니케이션 방식들은 사용자들의 기존 경험과 편의성 등의 이유로 앞으로도 지속되고 확대될 것으로 보인다. 알고 준비한다면 결코 어렵지 않은 비대면 커뮤니케이션을 어렵게 만드는 것은 무엇인지, 미리 알아두면 좋은 것은 무엇인지 알아보자.

비대면 커뮤니케이션에 앞서
알아야 할 것들

처음 해보는 일이나 어려운 일을 할 때는 자신이 잘 모른다는 것을 인정하고 원래 그 일이 어렵다는 사실을 깨닫는 것만으로도 마음의 부담을 덜 수 있다. 최근 확대된 비대면 커뮤니케이션은 특성상 제약이 있을 수밖에 없다. 아무리 노력해도 완벽하게 해결할 수 없는 소통의 한계가 있다. 하지만 이 점을 인정한다고 해서 마음이 편해지지는 않는다.

마치 낯선 나라로 여행을 갔을 때와도 비슷하다. 낯선 나라에서의 여행이 원래 쉽지 않다는 걸 인정하는 것은 도전 정신이나 자신감을 높이는 데 도움이 될 순 있다. 하지만 그 나라의 어떤 점이 우리와 다른지 구체적인 정보가 없다면, 버스를 타고 길을 물어보고 음식을 주문하는 간단한 일조차 쉽게 할 수 없다. 사람들의 행동이나 특이한 관습들도 역사나 문화적 배경을 모르면 전혀 이해할 수 없다.

비대면 환경은 우리가 처음 만나는 커뮤니케이션 세상이다. 이 세상에서 소통을 어렵게 만드는 게 무엇인지 아는 것부터가 시작이다.

온라인 소통 환경에서 우리가 잃은 것과 얻은 것

"내 말 듣고 있니?"

통화 중 상대방의 목소리가 꽤 오래 들리지 않으면 십중팔구는 "듣고 있어?"라고 묻게 된다. 마주 앉아 얘기하고 있다면 특별한 반응 없이 고개를 끄덕이거나 나를 쳐다보는 눈빛만 봐도 지금 내가 하는 말을 듣고 있음을 알 수 있다. 하지만 얼굴이 보이지 않는 전화 통화는 "응"과 같은 추임새가 있어야 상대가 얼마나 집중하고 있는지 느낄 수 있다.

그런데 PC 또는 모바일 기반의 화상회의 플랫폼으로 소통할 때 가장 힘든 점은 바로 이 "응"과 같은 단순한 반응조차 살피기 어렵다는 것이다. 상대가 내게 집중하지 않는다고 느껴지면 불안해진다. 정말 친한 관계나 일대일로 얼굴을 마주 보며 영상통화를 하는 경우는 문제가 없지만, 공식적인 말하기에서는 상대에게 일일이 물을 수도 없는 노릇이다.

랜선 너머 청중이 있긴 하지만 현재 내가 존재하는 시공간에 오로지 혼자뿐인 상황에서 태연하고도 자연스럽게 일방적인 소통을 해야 한다는 것, 그것이 비대면 말하기의 가장 답답하면서도 어려운 점이다. 듣는 사람도 어렵기는 마찬가지다. 모니터로 보는 영상이나 이미지, 스피커로 흘러나오는 소리에는 집중하기가 힘들다. TV로 콘서트를 보는 것과 직접 콘서트 현장에 가는 것이 천지 차이인 것처럼 말이다. 결국 화자와 청자 모두가 단절감을 느끼는 환경이다.

이것은 보이지 않는 몸짓

눈빛, 손짓, 몸짓 등의 비언어적 요소가 상대에게 미치는 영향이 크다는 것은 커뮤니케이션의 기본 이론과 서적 등에서 많이 들어봤을 것이다. 상대를 실제로 앞에 두고 말할 때는 말하기 능력이 조금 부족하더라도 비언어적 요소로 보완할 수 있는 부분이 분명히 있다. 무척 떨고 있지만 마음을 다해 노력하려는 모습, 간절한 눈빛, 열정적인 사람이라는 느낌을 주는 적극적인 몸짓 등이 그것이다.

하지만 비대면 커뮤니케이션의 경우 사람이 앞에 없어서 무대 공포증 같은 긴장도는 적지만, 동시에 좋은 무기가 될 수도 있는 비언어적 요소가 차단되어 결론적으로 말에 더욱더 집중해야만 한다. 그러나 걱정할 필요는 없다. 불행 중 다행이랄까. 언어적 요소를 보완해줄 수 있는 스크립트 노트 같은 치팅 스킬을 자유롭게 이용할 수 있기 때문이다. 이 팁은 뒤에서 더 자세히 살펴볼 것이다.

'장비발'은 사치가 아니다

유튜버들이 구독자 수가 늘면 가장 먼저 하는 일이 더 좋은 장비를 사들이는 것이라고 한다. 실제로 장비가 좋아질수록 콘텐츠의 질이 높아지고 조회 수도 그에 비례해 올라간다. 비대면 커뮤니케이션은 어찌 보면 유튜브 라이브 방송과도 비슷하다고 볼 수 있겠다. 기본적으로 영상, 음향 장치들을 통해 전달되는 메시지와 콘텐츠는 장비에 욕심을 내는 만큼 효과를 볼 수 있다.

예를 들어 화상으로 면접을 보는 상황이라고 하자. 카메라의 화질과 조명 유무에 따라 면접자의 모습이 멋스럽게 보일 수도 있고, 마이크의 성능에 따라 또렷하고 깨끗한 목소리로 좋은 인상을 줄 수도 있다. 전문가들이 사용하는 최상급의 장비를 갖출 필요까지는 없지만 적어도 말하는 중간에 화면이 흐려지거나 말이 제대로 전달되지 않는 일이 없도록 해야 한다.

앞서 프레젠테이션이 두려운 이유는 상황에 대한 정보가 없기 때문이라고 말했다. 마찬가지로 비대면 커뮤니케이션이 어렵게 느껴지는 이유는 우리가 그동안 해오던 익숙한 방식이 아니기 때문이다. 비대면 소통 환경을 이해한다고 해서 사람을 직접 대면할 때만큼 거리를 좁힐 수 있는 것은 아니지만, 무엇 때문에 단절감이 느껴지는지 그 이유를 알고 나면 상황을 조금 더 편하게 받아들일 수 있다.

말하기가 능력이 될 때

나 홀로 프레젠테이션에서
상대와의 거리 좁히기

최근 몇 년 동안 프레젠테이션에도 큰 변화가 생겼다. 프레젠테이션을 오래 해왔던 내게도 신선한 경험이자 새로운 도전이었다. 코로나19로 생긴 '거리두기'는 발표자와 청중 사이에도 적용되어 이제는 낯설지 않은 일상이 되었다. 눈빛과 목소리만으로 모든 것을 표현해야 했던 고충을 겪은 마스크 시절과는 다른 차원의 변화, 바로 '비대면 화상 프레젠테이션'이 본격화된 것이다. 어차피 별 차이는 없다며 호기롭게 말하고 싶지만 그렇지 않다. 이것은 또 다른 영역이다.

교육 방송이나 온라인 강의를 시청할 때 우리의 모습은 어떤가? 내가 아는지 모르는지와 상관없이 영상은 흘러가고, 잠깐이라도 한눈을 팔고 다른 생각을 해도 아무도 알지 못한다. 눈앞의 선생님과 다르게 영상 속의 선생님 앞에서는 굳이 몰래 다른 짓을 하는 수고를 하지 않아도 된다. 그런데 좀처럼 집중할 수 없었던, 세상 지루하고 따분한 온라인 강의 속 선생님들이 열심히 준비했던 것들이 바로 비대면 프레젠테이션 시대에서 우리가 해야 하는 일들이다. 오히려 앞에 사람들이 안 보이니까 안 떨리고 좋지 않을까? 떨리지 않아서 압도적으로 탁월한 발표를 할 수 있으면 좋겠지만 대부분은 잃는 것이 더 많다.

자료와 원고가 도움이 될 때도 있다

비대면 말하기가 어려운 이유는 너무나 많다. 사람을 마주하고 소통하면서 얻을 수 있는 모든 것이 없어진다. 하다못해 메신저의 대화만 봐도 그렇다. 말끝에 'ㅋㅋ'나 '~'가 없으면 딱딱해 보이고 화난 듯 느껴질 때가 있다. 실제로 재택근무 중 메신저로 소통하다가 부하직원과 상사 간에 오해가 생기기도 한다. 딱딱하게 말하지 않으려고 일부러 문장 끝에 'ㅎ'을 붙였는데 '지금 업무가 장난이야?'라는 답변이 와서 해명하느라 진땀을 뺐다는 이야기도 있다.

직접 만나서 얘기할 때는 대화의 분위기나 말하는 사람의 눈빛, 행동을 보고 100퍼센트에 가깝게 이해할 수 있지만, 문자만 봤을 때는 뜻을 오해하거나 기분 나쁘게 받아들이는 경우도 많다. 우리가 괜히 상황별로 이모티콘을 활용하고 '네' 대신 '넵'이나 '넹' 등을 쓰는 게 아니다.

사실 대면 상황이라면 걱정할 필요도 없는 일들이다. 눈치껏 분위기를 파악할 수 있고, 듣는 사람의 반응에 따라 이야기의 내용을 바꿀 수도 있다. 말하는 억양과 어조도 적절히 조절할 수 있고 청중과 소통하면서 발표를 이끌어가는 것이 가능하다.

하지만 비대면 상황에서는 화면 너머에 누가 있는지, 그들은 어떤 사람이며 지금 나의 말을 어떻게 느끼며 받아들이고 있는지 전혀 알 수 없다. 그저 내가 열심히 준비한 말만을 늘어놓으며 안개 속을 걸어갈 뿐이다. 극단적으로 말하면 앞이 잘 보이지 않는 컴컴한 방에서 이야기하는 것과 같다. 어두운 방에서 그나마 가장 집중할 만한 게 무엇일까? 바로 목소리다. 그다음으로 눈에 띄는 건 아마 큰 그림이나 글자일 것이다.

이것이 메시지다. 비대면 프레젠테이션 상황을 예로 들자면 모니터에 떠 있는 그림, 글자 등의 시각 정보와 스피커를 통해 들리는 상대방의 음성 말이다. 사실 이것들은 대면 상황에서는 크게 중요하다고 할 만한 부분은 아니다. 왜냐하면 익히 알고 있듯 대면 프레젠테이션에서는 눈빛, 몸짓 같은 비언어적 수단이 청중에게 미치는 영향이 크기 때문이다.

바꿔 말하면 비대면 프레젠테이션에서는 시각 자료만 잘 만들고 말만 잘하면 그 외의 것은 크게 신경 쓰지 않아도 된다는 뜻이기도 하다. 발표 자료와 말할 내용은 모두 미리 준비할 수 있는 것들이다. 게다가 실제 발표할 때처럼 등 뒤에 자료가 있는 것이 아니라 직접 보면서 말할 수 있고, 정말 말을 잘못하는 경우라도 남들 모르게 앞에 원고를 두고 읽을 수도 있다. 그만큼 사전에 철저하게 준비한다면 돌발 상황의 영향을 최소화할 수 있고 연습한 시간만큼 그에 비례하는 좋은 결과를 만들어낼 수 있다.

'얼굴 없는 가수' 효과

이렇듯 직접 사람을 마주할 수 없다는 특성이 소통을 어렵게 하기는 하지만 발표자로서는 꼭 나쁘기만 한 것은 아니다. 앞서 말한 메시지 외에 다른 요소가 개입할 여지가 줄어들기 때문이다. 어떻게 보면 얼굴을 가면으로 가리고 노래 경연을 하는 예능 프로그램을 볼 때와 비슷하다. 참가자에 대한 호감도나 원래 노래를 잘하는 가수라는 사전 정보 등의 편견이 개입하지 않고 오로지 그 무대 하나로만 실력을 판단한다. 공정한 평가를 위해 브랜드를 가린 채 진행하는 블라인드 테스트와도 비슷하다.

실제 많은 사람 앞에서 저마다의 이유로 기량을 100퍼센트 뽑아내지 못했던 사람이라면 비대면 상황은 예기치 않은 외부 변수의 영향에서 벗어나 준비한 만큼의 역량을 최대로 발휘할 수 있는 환경이다. 예를 들면 손이나 발을 떤다든지, 목소리가 작다든지, 사람들과 눈빛을 마주치는 것이 힘들다든지 등 대면 상황에서는 약점으로 작용할 수 있는 것을 가릴 수 있다. 자신에게 특별한 약점이 없더라도 실제 청중을 대면했을 때 겪는 두려움과 긴장도 상쇄할 수 있다. '별로 듣고 싶지 않아'라는 걸 온몸으로 보여주는 시큰둥한 반응, 그다지 동의할 수 없다는 눈빛들을 한 청중 때문에 주눅이 들고 긴장해서 발표를 망치는 일은 적어도 없을 것이다.

'얼굴 없는 가수'도 복면의 효과를 톡톡히 누렸다. 복면 덕분에 좀 더 자신 있게 노래할 수 있었고, 다른 모습들에 가려 잘 드러나지 않았던 가창력을 제대로 평가받을 수 있었다. 마찬가지로 비대면 프레젠테이션에서도 좀 더 자신 있게 실력을 드러낼 수 있을지 모른다. 그렇다면 이제 본격적으로, 비대면 프레젠테이션을 제대로 해내기 위해 무엇을 준비해야 하는지 알아보자.

비대면 프레젠테이션은
말하는 방법부터 다르다

앞서 비대면 프레젠테이션은 새로운 영역의 말하기라고 했는데, 심지어 말이 전달되는 물리적인 과정도 다르다. 발표자가 하는 말은 마이크라는 입력 장치와 네트워크를 거쳐 다시 스피커라는 출력장치를 통해 전달된다. 문제는 방송국에서 송출하는 것만큼 영상과 사운드 품질이 따라주지 않는 경우다. 수신자가 이용하는 컴퓨터나 음성 장치, 인터넷 연결망의 속도가 제각각이기 때문에 과연 얼마나 최적의 상태로 전달될지 가늠할 수 없다.

그뿐만이 아니다. 대면 상황에서 사람들은 시각, 음성 등 다양한 외부 신호를 통해 정보를 해석하지만, 비대면에서는 전적으로 음성에 의지하는 비중이 크다. 그래서 비대면으로 프레젠테이션을 진행할 때는 진행자의 말이 더욱 중요하다.

기본 전제는 앞서 말했듯이 비대면 상황에서는 말하는 사람이 힘든 만큼 듣는 사람도 힘들다는 것이다. 따라서 현장에서 마주

말하기가 능력이 될 때

할 때보다 상대방을 더 많이 배려해야 한다. 기계를 가운데 두고 마주하고 있는 상황에 대해 불편함을 덜 느끼게 해주는 것이다. 가장 쉬운 방법은 소리의 변화나 휴지 시간을 주거나 질문을 던져 스스로 생각할 수 있는 시간을 주는 것이 있다. 발표자의 목소리를 지겹게 느끼지 않도록, 의미 단락이 바뀔 때마다 분위기를 전환하는 것이다.

서로 떨어져 있지만 단절되지 않았다고 생각할 수 있도록 공감하고 소통하는 것이 배려의 핵심이다. 상대방의 관점에서 의문이 들 수 있는 부분을 먼저 고려해서 대답할 수 있도록 준비한다. 실제 현장에서처럼 쌍방으로 활발하게 소통하기도 힘들고 청중의 반응을 즉시 확인하기도 어렵기 때문이다.

음성 메시지는 120퍼센트 정확하게

비대면 커뮤니케이션에서 가장 중요한 목표는 정확하게 전달하는 것이다. 말을 흐리거나 빠르게 넘어가 버린다면 듣는 사람은 무슨 말인지 유추도 안 될 뿐만 아니라 아예 이해할 수조차 없다. 심지어 목소리의 크기도 편차가 심해서는 안 된다. 마이크와의 거리를 일정하게 유지해야 하고, 말하는 목소리도 큰 변화가 없어야 한다. 이어폰으로 음악을 들을 때 갑자기 소리가 커지거나 작아지면 깜짝 놀라거나 불편함을 느끼는 이유와 같다.

발표자는 여유 있는 속도로 또박또박 소리 하나를 씹듯이 말하면서 정확하게 전달하는 데 집중해야 한다. 실제 오프라인 현장에서 하는 발표와 달리 발표자에게서 얻을 수 있는 정보는 음성뿐이기 때문이다.

마치 구연동화나 옛날이야기를 하는 상황과 비슷하다. 구연동화 지도사는 이야기의 각 장면을 그림으로 보여주면서 진행자가 되어 설명하기도 하고 등장인물이 되어 목소리 연기를 하기도 한다. 듣는 사람은 앞에 펼쳐진 그림 속 장면을 보면서 이야기를 듣고, 저마다 다른 경험과 지식을 바탕으로 상상하고 해석한다. 비대면 프레젠테이션 상황도 마찬가지다. 상대가 나의 표정이나 몸짓 등 비언어적 메시지와 함께 정보를 판단하지 않기 때문에 발표자가 오롯이 목소리로 모든 내용을 전달해야 한다.

발표자가 전하는 유일한 정보인 '음성'은 굳이 애쓰지 않아도 '아, 그렇구나!' 하며 자연스레 들릴 수 있도록 귀에 걸리는 것이 없어야 한다. 듣다가 무언가 이상한 소리가 들리거나 불분명해서 알아들을 수 없게 하는 걸림돌을 만들지 말아야 한다. 프레젠테이션은 말을 잘하는 것이 전부가 아니지만 비대면에서는 어쩔 수 없이 목소리를 통해 드러나는 음성 정보의 비중이 압도적으로 높다. 목소리가 곧 얼굴이자 내용이다. 그렇다고 해서 반드시 감미롭거나 중후한 음색이나 듣기 좋은 목소리여야 한다는 건 아니다. 음성으로 전해지는 메시지가 얼마나 신뢰할 만한가가 중요하다.

라디오 채널을 돌리다 보면 좋은 음성 정보를 명확하게 구분할 수 있다. 전달되는 모든 내용이 정확하고 편안하게 들리는 진행자가 있는가 하면, 뭐라고 하는 것인지 도저히 알 수 없는 진행자도 있다. 처음에는 전후 맥락을 생각해서 이해하려고 노력할 수 있지만 그런 번거로움을 감수하면서까지 채널을 돌리지 않을 청취자가 몇이나 될까? 비대면 환경의 말하기도 이와 같다.

비대면 상황에서 말하는 것이 처음이라 낯설다면 라디오를 활용하기를 권한다. 여러 채널 중 전달력이 좋은 채널을 몇 개 듣다 보면 적정한 속도나 분위기가 느껴질 것이다. 단 뉴스가 아닌 일상의 언어로 진행하는 프로그램이어야 한다.

더불어 음성 메시지의 정확도를 높이기 위해 개인적인 팁을 공개하자면 조금 오버액션을 하라는 것이다. 앞서 말하기의 기본에서 언급했던 말의 속도, 휴지(pause) 등은 평소보다 1.2배 정도 살짝 과하다는 느낌이 들 정도로 정확하게 지킨다. 특히 문장의 맺음말은 끝까지 확실하게 마무리해야 군더더기 없는 음성 메시지가 완성된다.

눈에서 멀어지면
마음도 멀어진다

비대면 프레젠테이션은 '어떻게' 말하느냐가 달라질 뿐 '무엇을' 말하는지는 달라지지 않는다. 따라서 준비한 발표 자료나 내용 구성에는 손을 댈 필요도 없고 딱히 손댈 수 있는 부분도 없다. 다만 앞서 말하는 방법에 대해 이야기하면서 소리나 발음의 정확도를 최대치로 높여야 한다고 했는데, 비대면 상황에서는 한 가지가 더 필요하다. 바로 상대가 나와 연결되어 있다는 느낌을 주는 것이다.

글을 소리 내어 읽는 것은 물리적으로는 발표의 형태지만 언어를 통한 상호작용은 1차원적인 단순한 과정이 아니다. 언어는 소리와 의미뿐 아니라 설명할 수 없는 감정, 느낌 등 복잡한 요소를 전하고 그 과정에서 이해라는 결론에 다다른다. 제한된 것이 많은 온라인 환경이지만 시각적인 요소만 잘 활용하고 말하는 방법만 바꿔도 제약을 극복할 수 있다.

어떻게 보일 것인가

가장 중요한 역할을 하는 것은 시선, 눈맞춤이다. 전 국민이 카메라를 가지고 다니는 시대에 렌즈를 바라보는 것이 어려운 일은 아니지만 카메라를 보면서 말을 하는 건 아무래도 민망하다. 어색해서 카메라를 제대로 쳐다보지 않거나 시선이 정면이 아닌 다른 방향을 향한다면 상대방도 불편함을 느낄 수밖에 없다. 오프라인에서도 시선 맞춤이 중요한 것은 물론이지만 온라인에서 더욱 중요한 이유는 잘못된 점이 극대화되기 때문이다.

화면 속에서는 내 모습이 절반 이상을 차지하기 때문에 시선이 흐트러지거나 자세가 삐뚤어지거나 움직임이 부산스러우면 훨씬 도드라져 보인다. 뉴스를 진행할 때의 앵커를 생각해보면 된다. 화면 속 앵커는 움직임은 거의 없고 정면을 또렷하게 바라보고 있는 단정한 모습이다.

화면에 발표자 자신 외에 시선을 빼앗는 요소는 없는지도 점검해야 한다. 정돈되지 않은 공간이 뒷배경이 되거나 돌아다니는 사람들이나 선풍기 등 움직임이 있는 사물이 화면에 걸리지 않도록 최대한 깔끔한 환경을 만들어야 한다. 이런 모습은 단순히 보기 좋고 싫음의 문제가 아니라 내용에 대한 집중을 흐트러뜨리기 때문에 각별히 조심해야 하는 부분이다.

시선을 맞출 때는 카메라를 상대방의 눈이라고 생각하고 정확하게 바라봐야 한다. 일반적으로 사용하는 노트북 상단의 카메라는 화면을 바라보기만 해도 대부분 자연스러운 시선이 연출된다. 별도의 영상 장치가 있다면 높이와 각도 등의 차이가 있으니 사전에 앵글을 확인하고 내가 상대방의 화면에서 어떻게 보이는지 확인해보는 것이 좋다. 눈을 맞출 지점을 잡았다면 그 점을 기준으로 흔들리지 말고 지긋이 응시하며 유지한다.

어떻게 함께할 것인가

혼자 말하더라도 듣는 사람들을 이야기 속에 참여하게 할 수 있다. 발표 자료에 있는 그래프를 활용하는 상황을 예로 들어보자. 구체적으로 발표 자료 안에 있는 내용을 가리키거나 듣는 사람들의 행동을 지시하는 것이다. 그저 발표자의 말을 듣고 있는 것이 아니라 능동적으로 발표에 참여하고 있다는 느낌을 부여한다. 만약 청중을 마주한 상황이라면 화면의 그래프를 가리키며 "온실가스 배출량이 해마다 증가하고 있습니다"라고 말했을 테지만 비대면 상황에서는 "지금 보고 계신 화면 우측의 온실가스 배출량 그래프를 한번 봐주시겠어요?"라고 정확히 짚어 이야기하는 것이다.

좀 더 직접적인 행동을 유도하는 것도 좋다.

"그래프의 가장 낮은 점과 높은 점을 두 손가락으로 한번 짚어보시겠어요?"

"가운데 사진에서 ○○을 한번 찾아보시겠어요?"

중요하거나 강조해야 할 부분에서 이 같은 말하기 방법을 적절히 사용하면 끝까지 발표의 집중도를 높일 수 있다. TV 프로그램에서 가끔 '여러분도 따라서 해보세요'라는 자막이 나올 때 시청자들이 더욱 집중하고 공감하는 효과가 있는 것처럼 말이다. 실제 발표자와 청자 사이의 거리는 멀지만 발표자의 말하기 전략에 따라 심리적 거리는 얼마든지 가까워질 수 있다.

> ## 이 부장의 실전 말하기 꿀팁
>
> ### 배경화면과 의상 선택은 어떻게 하면 좋을까?
>
> 가능하면 밝은 색상의 배경이 좋고 옷의 색상과는 겹치지 않도록 해야 한다. 흰 배경이라면 빨강, 파랑 등의 대조를 이루는 선명한 컬러의 의상이 발표자의 인상을 또렷하게 해주고 시선을 끄는 효과가 있다. 배경이나 얼굴에 잘 맞는 컬러에 따라 조금씩 차이가 있기는 하지만 흰색 계열의 옷은 화면상에서 봤을 때는 색감이 날리거나 흐린 느낌을 줄 수 있어 세심한 고려가 필요하다.

사전 장비 점검은
아무리 해도 지나치지 않다

일반적으로 화상회의나 프레젠테이션을 진행할 때 많이 쓰는 프로그램들이 두세 가지 있다. 설치 방법은 간단하지만 사용법은 저마다 조금씩 다르다. 한창 발표하고 있는데 프로그램 때문에 허둥대는 건 정말이지 최악의 상황이다. 발표 분위기가 깨질뿐더러 발표자 자신도 집중력을 잃고 만다. 발표 자료와 영상의 화면 전환, 음소거 전환을 비롯해 그 밖의 조정 및 프로그램 활용이 매끄럽게 이어질 수 있도록 주요 기능은 어려움 없이 사용할 수 있어야 한다.

기계의 결함은 곧 나의 결함

시스템도 중요하다. 인터넷 연결 상태나 속도부터 컴퓨터의 성능까지도 꼼꼼하게 점검해야 한다. '설마 이런 걸로 별일이 있겠어?' 하다가 그 별것 아닌 일들 때문에 예기치 못한 큰일이 생기기도 한다. 인터넷 연결 불안이나 장치 불안정으로 접속 프로그램이 끊어져서 회의나 면접이 아예 중단될 수도 있다.

언젠가 중요한 프레젠테이션이 갑자기 화상회의 시스템을 활용하는 방식으로 바뀐 적이 있었다. 당시 나는 비대면 말하기의 경험이 그다지 많지 않았기에 걱정도 되었고 그래서 어떤 실수도 하고 싶지 않았다. 가장 먼저 한 것은 시뮬레이션이었다. 회의실 두 곳을 잡고 동료와 함께 발표자와 상대방의 역할을 나눠 확인했다. 심지어 노트북에 직접 랜선을 연결했을 때, 와이파이로 접속했을 때 어떤 것이 더 매끄럽게 연결되는지까지도 확인했다. 인터넷 환경에 따라 다르겠지만 실제로 해보니 미묘한 속도 차이가 있긴 했다.

실전 상황에서도 인터넷 연결 속도에 따라 최종적으로 상대에게 영상과 음성이 전달되는 오차가 커져서 질의응답 때 시간차가 생기기도 한다. 화면과 목소리가 어긋나거나 제때 대화가 오가는 타이밍이 맞지 않으면 아무리 내용이 좋아도 서로 불편해진다. 내가 통제할 수 있는 모든 여건은 최적으로 구현하는 것이 좋다.

마지막으로, 하드웨어는 생각보다 훨씬 더 중요하다. 온라인 프레젠테이션을 진행할 때는 음성이 주 소통의 방식이다. 화면으로 얼굴이 보이긴 하지만 화질이 TV만큼 선명하게 좋지 않을

뿐더러 크게 집중하지 않는 요소이기도 하다. 그래서 음향 장비는 중급 이상의 성능인 것이 좋다. 고가의 장비까지는 필요 없지만 적어도 컴퓨터의 내장 마이크를 쓰는 일은 피하자는 것이다. 잡음이나 하울링이 발생하는 건 치명적이다. 음향에 문제가 생기면 전체 프레젠테이션의 전달력은 0퍼센트가 된다.

기술적인 문제로 흐름이 끊기거나 우왕좌왕하며 집중력을 흐트러뜨릴 가능성은 처음부터 철저히 제거해야 한다. 실제로 비대면 프레젠테이션 리허설 시 인터넷 연결 상태를 살피느라 회의실을 옮겨 다니거나 접속 환경이 안정적인 스터디 카페 등을 찾아 발품을 팔며 발표를 준비한 적도 있다.

물리적인 요소들을 모두 준비했다면 공간을 살펴야 한다. 전문적인 환경이 구축되어 있다면 별도로 신경 쓸 것이 없겠지만 그렇지 않다면 너무 과도하게 넓어서 소리가 퍼지지는 않는지, 잡음이 쉽게 들어올 수 있는 곳은 아닌지 살펴야 한다. 특히 모든 면이 유리로 되어 있는 회의실에서는 마이크를 타고 들어가는 소리가 많이 울릴 수 있으므로 반드시 확인해야 한다.

프레젠테이션이 끝난 후 질의응답을 진행할 때 답변을 담당할 사람이 많다면 자리를 이동하거나 마이크를 여러 개 준비해야 할 수도 있다. 참석하는 인원에 따라 공간과 필요한 마이크, 스피커 준비도 달라질 수 있으므로 가능하면 모든 것을 미리 확정해서 프레젠테이션 당일의 환경 변화를 최소화한다.

하지만 모든 발표 상황은 제각각이기 때문에 가장 확실한 방법은 뭐니뭐니 해도 사전 테스트다. 내가 발표를 진행할 공간과 사용할 기기도 살펴봐야 할 뿐만 아니라 청중은 어떤 상황에서 몇 명이 참여하는지도 확인해야 한다. 그리고 최소한 두 명이 발표자와 듣는 이가 되어 실제 장소에서 화상 프레젠테이션 상황을 가정해 리허설을 여러 차례 해보고 문제점을 미리 점검해야 한다. 나도 사전 리허설을 여러 차례 진행하면서 인터넷 연결 방식을 바꾸고 마이크까지 새롭게 구매했던 적이 있다. 요즘 웬만하면 시설이 좋은데 괜찮겠거니 하고 방심했다가는 애써 준비한 시간이 수포로 돌아갈 수 있다.

아무리 오프라인에서 프레젠테이션을 잘한다고 한들 이 단계의 준비가 미흡하면 아무 소용이 없다. 이 모두가 프레젠테이션 과정에 포함되는 것이므로 실제 발표와 같은 무게를 두고 준비하자. 그리고 이 상황에 익숙해질 때까지 반복한다면 연습과 별 차이 없이 실전 무대를 안정적으로 진행할 수 있을 것이다.

보이지 않게 준비하는 방법

비대면 커뮤니케이션은 준비하기까지 여러 가지 어려움이 있기는 하지만 한편으로 반가운 소식도 있다. 바로 원고를 요긴하게 쓸 수 있다는 점이다. 물론 대면 상황에서는 스크립트를 볼 수도 없거니와 사전에 말하기 원고를 달달 외우는 게 최악의 연습 방법이지만 비대면 상황에서만큼은 똑똑하게 활용할 수도 있다. 너무 떨리거나 준비가 미비할 경우 철저하게 원고에 의존하라! 일종의 치팅 스킬이다.

여기서 반드시 유의해야 할 점은 원고를 리딩(reading) 가이드가 아니라 연출 가이드로 활용해야 한다는 것이다. 원고를 드라마 대본에 비유한다면, 배우는 대사를 틀리지 않고 정확히 따라 읽는 게 아니라 대본에 쓰인 지문에 유의해 대사의 뉘앙스와 감정을 살리는 것이 가장 중요하다. 발표 원고도 바로 이런 목적으로 쓰는 것이다. 원고를 참고해서 내용을 빼먹거나 틀리지 않고 전달할 순 있지만, 기계처럼 무미건조하게 읽어 내려간다면 애써 원고를 준비한 노력 자체가 무의미해진다.

발표 원고를 쓸 때는 대본을 쓰는 작가이면서 동시에 배우까지 1인 2역을 해야 한다. 이때는 작가로서 너무 많은 시간을 보내기보다는 배우로서 집중하고 준비하자. 예를 들어 '이 문단의 마지막 문장에서는 내용을 강조하기 위해 조금 천천히 말할까? 조금 더 크게 말해볼까? 아니면 역으로 질문을 던져볼까?' 하고 고민하는 것이다. 대본의 지문을 촘촘히 준비하면 아직 일어나지 않은 상황을 미리보기 할 수 있어서 긴장감을 줄이는 데도 도움이 된다.

비대면 발표 원고 예시

본론

(중략)

슬라이드 31
"네. (충분히 쉬고) 제가 꽤 오랫동안 많은 내용을 말씀드렸는데요. 아마 절반 정도는 기억 안 나시죠? (웃음) 그러실 것 같아서 마지막으로 꼭 기억하셔야 할 엑기스만 뽑아서 정리해드릴게요. (화면 전환)

슬라이드 32
첫. 번. 째. 로(또박또박), 제가 오늘 가장 많이 말씀드렸던 ○○○(크게)입니다.

대면 발표 상황에서는 사실 이렇게까지 할 수도 없고 원고 작성도 추천하지 않는다. 하지만 비대면에서 똑똑하게 원고를 활용한다면 발표가 익숙하지 않더라도 본인의 발표 능력 이상으로 실력을 발휘할 수 있다.

결국, 진심은 통한다

청중을 향한 관심과 사랑은 진심이어야 한다. 아니, 엄밀히 말하면 진심이라는 게 '드러나야' 한다. 관심과 사랑이 있는지는 자신도 모르게 드러난다는 말이 어쩌면 더 정확할지도 모르겠다.

오래된 이야기지만 시청자들과 공감하는 진행으로 유명한 이금희 아나운서의 일화를 말하지 않을 수 없다. 2000년 남북 이산가족 상봉장에서 헤어진 가족들을 인터뷰하면서 무릎을 꿇고 앉아 눈을 맞추며 대화하는 그녀의 모습은 당시 큰 화제가 되었다. 아마 이 아나운서는 인터뷰 전에 수백 번 곱씹어 생각했을 것이다. 지난 세월에 담긴 그리움과 상봉장에 오기까지의 설렘, 가족을 만났을 때의 반가움과 헤어짐에 대한 아쉬움까지. 감히 깊이조차 헤아릴 수 없는 그들의 마음을 어떻게 전할 수 있을지 말이다. 무릎을 꿇고 눈을 맞추는 것은 어쩌면 너무나 당연하고 자연스러운 일이었을지도 모른다.

방송을 봤던 우리는 이 아나운서의 행동이 기획된 것인지, 자연스럽게 나온 것인지 알 수 없다. 그의 속마음이 어땠는지도 알 수 없다. 하지만 그의 행동에 몹시 감동했다. 그 상황에 너무 잘 맞아떨어졌기 때문이다.

진심은 애써 의도하지 않아도 눈빛과 행동 하나하나에 담겨 드러난다. 온갖 사례와 경험들을 늘어놓은 뒤에 결국 진심이라니, 실체 없이 뻔하고 무책임한 말 같지만 그래도 진심은 이렇게 통한다. 프레젠테이션이라는 준비된 무대에서 발표자와 청중은 다른 목적과 생각으로 마주하고 있지만 사람들은 귀신같이 진짜를 알아본다. 귀로 듣는 말보다 눈으로 보이는 모습에, 보이지 않는 느낌에 강하게 끌린다.

얼마 전 전문 방송인 출신 진행자의 프레젠테이션을 본 적이 있다. 매끄러운 진행이야 말할 것도 없었다. 그렇게 발표는 잘 끝나는 듯했는데 이미지가 와장창 깨진 건 마지막 질의응답에서였다. 질문 두 가지를 한 학생에게 "그렇게 말씀하시면 알아듣기가 힘들어요. 너무 길고 질문도 두 개나 되는데 짧게 다시 말씀해주세요"라고 한 것이었다.

질문자를 질책하는 듯한 고압적인 말투도 물론 문제다. 하지만 더 큰 문제는 발표자가 자기 할 말만 쏟아낸 뒤 발표 현장을 셀프로 정리해버렸다는 것이다. 이미 마음이 떠나버린 탓에 질문 내용을 귀 기울여 듣지 않았을 테고 애꿎은 청중을 지적하는 방법밖에 없었으리라. 청중은 그날의 발표를 그의 마지막 모습으로 기억할 것이다.

간절히 원하고 마음이 담기면 어느 것 하나 티가 나지 않을 수 없다. 발표 자료에 담긴 글씨 한 자, 그림 하나까지 어느 것도 의미 없이 존재하지 않는다. 말 한마디 사이의 틈새에도 깊이가 생긴다. 커뮤니케이션 전략이니, 말하기의 기술이니 같은 것으로는 감히 만들어낼 수 없는 진짜 울림이 생긴다.

사람과 사람 사이의 마음이 맞닿기까지의 과정을 딱히 설명할 길도 없고 공식처럼 적용할 수 있는 것도 없지만, 오랫동안 프레젠테이션을 통해 수많은 사람을 만나면서 내가 찾은 답은 '사람'이다. 늘 발표에 앞서 내용, 형식, 디테일을 고민하지만 그보다 상대방을 향한 나의 마음을 먼저 생각하려고 한다. 과연 이 이야기를 풀어가는 내 마음은 얼마나 진심인지 말이다. 진심은 어떻게든 통할 것이라 믿기 때문이다. 어린이들을 위한 속담 중에 '말이 마음이고 마음이 말이다'라는 말처럼, 마음은 말에 드러나며 말은 마음을 비춘다. 진심과 배려가 담긴 말하기로 당신의 프레젠테이션이 성공하길 응원한다.

회사에서의 성과, 관계, 이미지를 바꾸는 말하기 기술

말하기가 능력이 될 때

제1판 1쇄 인쇄 I 2023년 12월 20일
제1판 1쇄 발행 I 2024년 1월 2일

지은이 I 이아름
펴낸이 I 김수언
펴낸곳 I 한국경제신문 한경BP
책임편집 I 김종오
교정교열 I 김순영
저작권 I 백상아
홍 보 I 서은실·이여진·박도현
마케팅 I 김규형·정우연
디자인 I 권석중
본문디자인 I 지소영

주   소 I 서울특별시 중구 청파로 463
기획출판팀 I 02-3604-590, 584
영업마케팅팀 I 02-3604-595, 562   FAX I 02-3604-599
H I http://bp.hankyung.com   E I bp@hankyung.com
F I www.facebook.com/hankyungbp
등   록 I 제 2-315(1967. 5. 15)

ISBN 978-89-475-4935-6 03320